W0099935

CON
BOOK.

Fernreisen fanden in der Kindheit von **Martina Bölck** eher im Kopf statt. Die Realität hieß Niederbayern, Schwarzwald oder Mecklenburg. Dass Reisen lebensveränderndes Potenzial haben kann, entdeckte sie zum ersten Mal mit 18 auf einer Interrailtour mit der besten Freundin durch Italien und Frankreich. Nach dem Studium (Germanistik und Psychologie) folgten längere Auslandsaufenthalte, ein halbes Jahr Buenos Aires, drei Monate Istanbul. Und schließlich fünf Jahre China. Dort versuchte sie, chinesischen Studierenden die deutsche Sprache und Kultur näherzubringen, fuhr in den Semesterferien kreuz und quer durchs Land – und lernte dabei auch viel über sich selbst. Seither reist sie immer wieder mal nach China, lernt weiterhin eifrig Schriftzeichen und beschäftigt sich in Vorträgen, Radiosendungen und Artikeln mit dem Land. Weitere Schwerpunkte ihrer Arbeit sind: alternative Lebensentwürfe jenseits von Konsum und Hektik, Lebensgeschichten von interessanten Frauen und die reizvollen Unwägbarkeiten interkultureller Begegnungen. Sie lebt und arbeitet als freie Autorin und Dozentin in Hamburg.

MARTINA BÖLCK

Was Sie dachten

NIEMALS

über

CHINA

wissen zu wollen

**55 süßsaure Einblicke
in ein Land mit vielen Menschen**

CON
BOOK.

© Conbook Medien GmbH, Neuss, 2022
Alle Rechte vorbehalten.

www.conbook-verlag.de

Einbandgestaltung: Weiß-Freiburg GmbH, Grafik und
Buchgestaltung unter Verwendung der Motive von Erena.Wilson/
Shutterstock.com
Satz: Röser MEDIA, Karlsruhe
Druck und Verarbeitung: Multiprint, Bulgarien

ISBN 978-3-95889-369-6
893696 01 22 1

Die in diesem Buch dargestellten Zusammenhänge, Erlebnisse und
Thesen entstammen den Erfahrungen und/oder der Fantasie der
Autorin und/oder geben ihre Sicht der Ereignisse wieder. Die ge-
nannten Fakten wurden mit größtmöglicher Sorgfalt recherchiert,
eine Garantie für Richtigkeit und Vollständigkeit können aber weder der Verlag noch die Autorin übernehmen. LeserInnenmeinun-
gen gerne an feedback@conbook.de.

Folgen Sie uns!

*Wir informieren Sie gerne und regelmäßig über
Neuigkeiten aus der Welt des CONBOOK Verlags.
Folgen Sie uns für News, Stories und Informatio-
nen zu unseren Büchern, Themen und Autoren.*

 www.conbook-verlag.de/newsletter

www.facebook.com/conbook

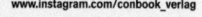 www.instagram.com/conbook_verlag

INHALT

VORWORT

Als mein Mann und ich uns 2002 entschlossen, nach China zu gehen, passte unser Wissen über dieses Land auf vier kleine Notizzettel. Als wir uns ein Jahr später auf den Weg machten, wussten wir schon etwas mehr. Ich unterrichtete in Beijing an einer chinesischen Universität Germanistikstudierende in deutscher Sprache und Landeskunde. Am meisten lernte ich jedoch selbst. In den Semesterferien hatten wir wochenlang Zeit, durch das Land zu reisen und auch das China außerhalb der großen Städte kennenzulernen. Aus den ursprünglich geplanten zwei Jahren im Ausland wurden schließlich fünf. Seither hat mich China nicht mehr losgelassen. Ich habe ein Buch über die Zeit dort geschrieben, bin mehrmals wieder hingefahren, habe in Artikeln und Vorträgen über das Land berichtet, mich mit der Geschichte der Deutschen in China beschäftigt und mich in die Philosophie vertieft. Nicht zuletzt ist mir das Land wegen der Menschen, mit denen ich dort Freundschaft schließen konnte, ans Herz gewachsen.

»Nach einer Woche in einem Land kann man viel erzählen«, meinte einmal eine Bekannte, »aber man versteht eigentlich nichts. Nach fünf Jahren weiß man so viel, dass man sich kein Urteil mehr zutraut.« Ich finde, das stimmt. Je tiefer man in ein Land eintaucht, desto vielfältiger, widersprüchlicher und dadurch auch interessanter erscheint es. Das gilt generell, umso mehr aber für ein Land, das so groß ist und sich in den letzten Jahrzehnten so stark verändert hat wie China.

Dieses Buch ist denn auch nicht als »Gebrauchsanweisung« gedacht oder als Buch über »die Chinesen«. Es will vielmehr die Vorstellungen von China um 55 Puzzleteile aus den unterschiedlichsten Bereichen ergänzen, Neugier wecken und dazu anregen, sich selbst ein Bild zu machen.

MENSCHEN AUS DEM AUSLAND SIND IN CHINA EINE SELTENE SPEZIES

Wer aus dem westlichen Ausland kommt und in China unterwegs ist, fällt auf. Das lässt sich gar nicht vermeiden. Wobei der Grad des Aufsehens variiert. In abgelegenen ländlichen Gebieten erzeugt man möglicherweise Menschenaufläufe, in Städten wird man vielleicht nur angestarrt, in Metropolen oder Tourismusgebieten kann man sich einbilden, in der Menge unterzugehen. Aber selbst in Beijing kann es passieren, dass plötzlich ein kleines Mädchen mit dem Finger auf einen zeigt und laut ruft: »Mama, *waiguoren!* Ausländer!«

Was daran liegt, dass Menschen aus dem Ausland eine sehr seltene Spezies sind. In ganz China leben nur etwa

800.000 von ihnen, meist in den Metropolen, das sind nicht einmal 0,06 Prozent der Bevölkerung! Durch die Corona-Pandemie dürften es noch weniger geworden sein. (Zum Vergleich: In Deutschland leben elf Millionen, das sind 13 Prozent der Bevölkerung.) Die meisten Menschen in China kennen diese Raritäten nur aus dem Fernsehen. Wenn also irgendwo im Hinterland jemand die seltene Gelegenheit hat, ein lebendes, frei herumlaufendes Exemplar zu erblicken, dann muss die Gelegenheit genutzt und am besten gleich durch ein Beweis-Selfie mit ihm dokumentiert werden. Während man in Deutschland tendenziell dazu neigt, Fremde zu ignorieren, hat man in China deutlich weniger Probleme, Neugier zu zeigen. Das kann anstrengend sein, aber diese freundliche Zudringlichkeit macht es auch einfach, zumindest oberflächlich in Kontakt zu kommen – was vor nicht allzu langer Zeit kaum denkbar war. Noch bis in die 1980er Jahre hinein waren Kontakte mit Menschen aus dem Ausland grundsätzlich verdächtig und wurden streng überwacht. Heute wird ihnen überall »Hällo!« hinterhergerufen, »Hällo, *welcome to China*«. Stolze Eltern schicken ihre Kinder vor, damit diese ihre Englischkenntnisse zeigen können. »*How are you?*« Verfügen die Fremden wenigstens über rudimentäre chinesische Sprachkenntnisse, bekommen sie schnell Gelegenheit, diese zu üben. Wobei sich das Gegenüber in der Regel große Mühe gibt, auch aus stockendem Gestammel Sinn zu rekonstruieren.

Und dann gibt es noch die ganz, ganz wenigen Fremden, die perfekt Chinesisch sprechen und damit als besonders seltene Exemplare ihrer Spezies landesweite Berühmtheit erlangt haben. Allen voran der Kanadier Da Shan, mit bürgerlichem Namen Mark Rowswell. Er wurde bekannt, als er Ende der 1980er Jahre, während seines Studiums an der Beijing Universität, zum ersten Mal mit einem Sketch bei der CCTV-Neujahrsgala (siehe Kapitel 36, S. 164) auftrat. Angeblich spricht er besser Mandarin als viele Einheimische. Inzwischen machte er sich als Comedian einen Namen, übernahm Rollen in Fernsehserien und Theaterstücken und lächelt in traditioneller chinesischer Kleidung von zahlreichen Sprachlehrbüchern. Bei den Olympischen Spielen 2008 durfte er sogar eine kurze Strecke die Fackel tragen.

Dank der neuen sozialen Medien braucht man jedoch heutzutage keine Neujahrsgala mehr, um populär zu werden. Thomas Derksen hatte als fröhlicher dicker Deutscher namens Afu Millionen von Followern im chinesischen Netz. Während Da Shan oft im langen Gewand eines alten chinesischen Gelehrten auftritt, schlüpfte Afu ohne Berührungsängste in die verschiedensten Verkleidungen und parodierte humorvoll chinesische Stereotypen und das Alltagsleben mit seiner chinesischen Familie in Shanghai. Damit wurden er und seine Frau, die der kreative Kopf hinter den Videos ist, zu (nicht nur) lokalen Berühmtheiten. Als Kulturvermittler durfte Afu auch schon Bundespräsident Frank-Walter Steinmeier 2018 auf einer Chinareise begleiten. In Deutschland kann man einige seiner Videos auf YouTube sehen, außerdem hat er zwei Bücher über seine Erlebnisse geschrieben: *Und täglich grüßt der Tigervater. Als deutscher Schwie-*

gersohn in China (2019) und *Kartoffelbrei mit Stäbchen. Drei Chinesen, fünf Länder, sieben Tage* (2021) über eine Europareise mit Frau und Schwiegereltern. Mittlerweile ist Afu sehr viel schlanker geworden und seine Videos kommen »seriöser« daher. Doch es ist ihm – wie auch Da Shan – weiterhin wichtig, Brücken zu bauen und sowohl dem Heimatland als auch der Wahlheimat etwas von der jeweils anderen Seite zu vermitteln.

Diese seltenen Exemplare verdanken ihren Erfolg der Tatsache, dass sie Ausländer sind. Und es auch bleiben. Wie all die anderen, egal wie lange sie schon in China leben und arbeiten. Wer in eine einheimische Familie eingeheiratet hat und enge chinesische Freundinnen und Freunde besitzt, kann das im privaten Umfeld vielleicht manchmal vergessen. Aber egal wie gut man sich in China auskennt und wie vertraut und heimisch man sich fühlt, sobald man auf die Straße geht und all die Blicke auf sich gerichtet fühlt, ist man wieder eine Fremde oder ein Fremder, bestenfalls ein Gast. *»Welcome to China!«*

Aber

Die beschriebene freundliche Neugier bezieht sich vorwiegend auf Weiße aus dem westlichen Ausland. Schwarze, vor allem aus Afrika, haben sehr viel stärker mit Vorurteilen und Diskriminierung zu kämpfen, wie sich u. a. in rassistischen Vorfällen im Frühjahr 2020 in Guangzhou zeigte, nachdem mehrere Nigerianer positiv auf Corona getestet worden waren. Während man im restlichen China kaum auf

Schwarze trifft, hat sich im südchinesischen Guangzhou seit Ende der 1990er Jahre die größte afrikani-
sche Community Asiens angesiedelt. Die meisten
leben vom Handel. Die Zahlenangaben schwanken
zwischen 20.000 (offiziell) und dem Zehnfachen, da
viele nach dem Ablauf ihres Visums untertauchen.

BEIM PLAUDERN WIRD ES IN CHINA SCHNELL PRIVAT

Wer erkennbar fremd ist, kommt, wie gesagt, schnell ins Gespräch. Vor allem lange Zugfahrten, wenn man sich ohnehin langweilt, eng beieinandersitzt und die Zeit herumkriegen muss, bieten sich für eine Plauderei an. Für Chinesischlernende sind diese Small-Talk-Situationen ideal, weil eigentlich immer dasselbe gefragt wird, sodass sie mit der Zeit die Antworten perfektionieren und probeweise variieren können. Die Themen weichen dabei etwas von einem unverbindlichen Gespräch in Deutschland ab. Wie alt man ist, will das Gegenüber oft wissen, ob man verheiratet ist und Kinder hat. Und wenn ja, wie viele. Wer sich als kinderlos outet, kann übrigens durchaus mit einem verständnisvollen Nicken rechnen. Ja, ja, Kinder machen Mühe und kosten viel Geld. Die nächste Frage ist dann meist schon, welchen Beruf man hat und wie viel man verdient. Wer hier keine Lust hat, ehrlich zu antworten, sollte sich vorher schon eine Antwort überlegen und zum Beispiel das durchschnittliche Einkommen eines höheren Angestellten nennen. Natürlich kommt auch oft die Frage, wie einem China gefällt. Die Antwort lautet grundsätzlich: gut. Als Belege können das leckere Essen, die schönen Landschaften, die netten Menschen oder auch die grandiosen Zugverbindungen herhalten. Selbst wenn das Gegenüber dann über China oder die Stadt, in der man sich gerade aufhält, schimpfen sollte, ist Zustimmung nicht unbedingt erwünscht. Ein lockeres Gespräch ist nicht der Ort für politische Diskussionen oder gar besserwisserische Ratschläge. Politik ist generell ein sensibles Thema, vor allem die drei T (Tibet, Taiwan und Tian'anmen-Massaker) sollte man lieber vermeiden. Dafür darf man sich jedoch gerne auch nach dem Alter, den Kindern und dem Verdienst erkundigen.

Die allererste Frage ist natürlich fast immer, woher man kommt. Deutsche haben hier ausnahmsweise Glück, ihr Land hat in China einen guten Ruf. Die Deutschen gelten als ehrlich, fleißig, gewissenhaft, pünktlich, wenn auch als etwas ernst und humorlos, die üblichen Klischees eben. Auch die Tatsache, dass Deutschland auf Chinesisch *Deguo* heißt, wobei *de* das Zeichen für »Tugend« ist, »Tugendland« also, mag einen gewissen Einfluss auf die Einstellung dem Land gegenüber haben. Taxifahrer kommen gern auf deutsche Automarken zu sprechen, Fußball ist ein weiterer Anknüpfungspunkt. Erstaunlich viele kennen sich in der deutschen Bundesliga aus (die in China übertragen wird), bis hin zu den Namen einzelner Spieler. Manchmal kommt das Gespräch auch auf die deutsche Geschichte, die Teilung, die Wiedervereinigung. Man wird dafür gelobt, dass Deutschland sich – anders als Japan (siehe Kapitel 24, S. 107) – für seine Kriegsverbrechen entschuldigt hat.

Wer irgendwann keine Lust mehr hat, die immer gleichen Stereotype zu hören oder sich weder mit Autos noch Fußball auskennt, kann einfach behaupten, beispielsweise aus Island zu kommen. Dann ist das Gespräch meist beendet, denn wer weiß schon etwas über Island?

SIND MENSCHEN IN CHINA RÜCKSICHTSLOS ODER HÖFLICH? BEIDES!

Das Bild vom geheimnisvoll lächelnden, überaus höflichen Chinesen, der sich lieber umbringen würde, als seinem Gegenüber eine unangenehme Wahrheit ins Gesicht zu sagen, wird in Europa allmählich vom Bild des rüpelhaften, rücksichtslosen, spuckenden, lauten Bewohners der Volksrepublik verdrängt. Wer in China gereist ist, kennt es: Menschen, die ohne Rücksicht auf Aussteigende in die U-Bahn stürmen, beim Schlangestehen schubsen und sich vordrängeln, ihren Müll einfach auf die Straße werfen, Servicekräfte herrisch anfahren und dergleichen unangenehme Verhaltensweisen mehr an den Tag legen.

Auf der anderen Seite erlebt man auch immer wieder überwältigende Großzügigkeit und rücksichtsvolle Freundlichkeit. Man wird eingeladen und herumgeführt, beschenkt und mit Komplimenten überhäuft. Ja, was denn nun?

Der Widerspruch erklärt sich daraus, dass Höflichkeit in China keine feste Größe ist, sondern ein Rollenverhalten, das vom Gegenüber und von der Situation abhängt. Ein chinesischer Bekannter hat es einmal so erklärt: Man stelle sich einen Punkt vor und drum herum drei Kreise. Der innere Kreis steht für die Familie und die wirklich nahen Freundinnen und Freunde. Hier muss man nicht unbedingt höflich sein. Viele finden es eher befremdlich, dass man in Deutschland ständig »Danke« und »Bitte« sagt, sogar in der Familie. Das klingt in ihren Ohren sehr förmlich. »Jetzt bedank dich doch nicht dauernd, wir sind doch Freunde!«, bekommt man zu hören. In diesem inneren Kreis kann man ehrlich zueinander sein und auch mal derbe Späße treiben. Zu Leuten aus dem äußeren Kreis, die man nicht kennt und mit denen man nichts weiter zu tun hat, muss man auch nicht höflich sein. Das erklärt das Verhalten im öffentlichen Raum. Schwierig und kompliziert wird es im zweiten Kreis, zu dem die weniger engen Freundinnen und Freunde, Bekannte und Bekannte von Bekannten, Leute aus der Nachbarschaft, Geschäftspartner, Kolleginnen etc. zählen. Hier gelten die Konzepte der chinesischen Höflichkeit: Man gibt sich bescheiden und zurückhaltend, macht Komplimente, ist großzügig, kämpft im Restaurant um die

Rechnung, verteilt Geschenke, achtet darauf, dass niemand sein Gesicht verliert, stellt Harmonie her, lehnt etwas nicht direkt ab, übersieht taktvoll Fettnäpfchen, in die andere treten, und äußert seine Meinung nicht unverblümt.

Doch die Höflichkeitsvorstellungen erschließen sich Menschen aus dem westlichen Kulturkreis nicht immer unmittelbar, einige Fragen bleiben offen. Warum finden Studierende es angeblich unhöflich, nachzufragen, wenn sie etwas nicht verstanden haben (es könnte ja ein schlechtes Licht auf die didaktischen Fähigkeiten der Lehrkraft werfen), halten es aber für unproblematisch, sich im Unterricht mit ihrem Smartphone zu beschäftigen oder sich gleich über den Tisch zu legen und einzuschlafen? Warum sagen Bekannte nicht direkt, dass sie eine Einladung nicht annehmen können oder wollen und lassen einen stattdessen am Partyabend lieber allein mit dem vorbereiteten Essen zu Hause sitzen? Oder kommen eine halbe Stunde zu früh, wenn man sich gerade noch umziehen und frisch machen will? Wie soll man herausbekommen, was jemand wirklich denkt? Und wie soll man damit umgehen, immer wieder überschwänglich für seine Sprachkenntnisse gelobt zu werden, nachdem man lediglich *ni hao* (»Hallo, Guten Tag«) gestammelt hat? Warum brechen nach einem schönen Essen im Restaurant alle plötzlich auf, obwohl man es sich doch jetzt gemütlich machen und plaudern könnte? Und nicht zuletzt: Was soll man bloß mit all den furchtbar kitschigen Geschenken anfangen, die man bei jeder Gelegenheit bekommt?

Praxistipp

Zu den Regeln chinesischer Höflichkeit gibt es viele interkulturelle Ratgeber, deshalb müssen sie an dieser Stelle nicht im Einzelnen aufgeführt werden. Wichtig ist generell, nicht nur auf den Inhalt des Gesagten, sondern auch auf den Kontext und auf nonverbale Signale zu achten. Wenn jemand auf einen Vorschlag mit »Ich denke darüber nach« reagiert, ist es relativ wahrscheinlich, dass er nicht davon begeistert ist. Auch Kritik sollte man vorsichtig formulieren (als Vorschlag, als »kleine« Änderung), es gibt sicher auch etwas zu loben. Hier ecken Deutsche nicht nur in China oft an. Das Wichtigste ist eine grundlegend zugewandte, interessierte und lernbereite Haltung. Dann wird einem auch manche Ungeschicklichkeit verziehen.

SELBST DIE ANONYMSTE WOHNSIEDLUNG HAT IN CHINA NOCH ETWAS HEIMELIGES

4
Wohnformen

Hochhäuser über Hochhäuser, 17-stöckig und höher, in allen Stadien der Fertigstellung – die meisten chinesischen Städte sind von neu gebauten Apartmentsiedlungen umzingelt. In der Stadtmitte kann man sich manchmal des Gefühls nicht erwehren, von einer mächtigen Armee belagert zu werden, die langsam, aber unaufhaltsam vorrückt. Nähert man sich den Siedlungen, werden Unterschiede erkennbar. Die scheinbar so gleichförmigen, anonymen Bauten bilden Gruppen, die sich voneinander durch ein bestimmtes Bauelement, einen Farbton oder eine besondere Dachkonstruktion unterscheiden. Kommt man noch näher heran, stellt man fest, dass jede dieser Gruppen von einer Mauer umgeben ist. Die Zufahrtsstraßen werden von Schlagbäumen geschützt, Wachleute kontrollieren den Einlass, für Tore braucht man eine Karte oder einen Zahlencode. Wer es dennoch zuwege bringt, in das Innere der Siedlung zu gelangen, findet sich in einer eigenen Welt wieder. Kleine Geschäfte für den täglichen Bedarf, Restaurants und Imbissbuden, vielleicht ein Teich mit Seerosen und Ruhebänken, auf denen Senioren sitzen und miteinander plaudern, Sportgeräte, ein hübscher Platz, auf dem sich in der Dämmerung Tai-Chi- und Tanzgruppen treffen. Die Ausstattung ist von der Wohngegend und dem Preis der Wohnungen abhängig. Bei uns assoziiert man Plattenbauten und Hochhäuser oft mit sozialen Brennpunkten, in China sind diese Apartmentsiedlungen begehrte Wohnviertel für die Mittelschicht.

Der Gegensatz von innen und außen, von dem bei der Höflichkeit schon die Rede war (siehe Kapitel 3, S. 22), hat eine Entsprechung in der Bauweise. Häuser, die sich mit ihrem »Gesicht«, mit Fenstern, Türen und Balkonen, der Straße zuwenden, sind keineswegs so selbstverständlich, wie man es aus Europa kennt. In vielen chinesischen Altstädten sind nur die lebhaften Geschäftsstraßen auf diese Weise angelegt, in den Wohnvierteln dazwischen verschließen sich die Häuser oft zu den Straßen hin. Die alten Gassen in Beijing sind von Mauern gesäumt, mit Pforten, die in das Innere führen, zu einem Innenhof, zu Gebäuden, in denen früher eine Großfamilie mit ihren Bediensteten ein abgeschirmtes Leben führen konnte. »Gestern Nacht schaute ich auf eine Stadt in China hinab, sagte der Mond. Meine Strahlen beschienen die langen, nackten Mauern, die die Straßen bilden; da und dort war ein Tor, aber es war verschlossen! Was kümmert einen Chinesen die Welt da draußen?«, schrieb Hans Christian Andersen 1864 in seinem *Bilderbuch ohne Bilder*.

In der Mao-Zeit wurde dann bis in die 1980er Jahre hinein die Arbeitsgemeinschaft, *danwei,* zur wichtigsten sozialen Einheit. Jede Fabrik, aber auch z. B. jede Klinik oder Universitätsfakultät war eine solche *danwei.* Sie verwaltete und kontrollierte ihre Mitglieder, versorgte sie mit Arbeit und Wohnraum, kümmerte sich um die Kinderbetreuung und die Krankenversorgung, stiftete Ehen und organisierte Freizeitveranstaltungen. Man gehörte ihr in der Regel ein Leben lang an und identifizierte sich mit ihr. Die Betriebe bauten Werkhaussiedlungen für ihre Angehörigen, aus der Einheit von Wohnen und Arbeiten entstanden dorfähnliche Minigemeinschaften. Noch heute gibt es in den Städten diese Siedlungen, auch sie von Mauern umgeben, Reihen von mittlerweile etwas heruntergekommenen fünf- bis sechsstöckigen Gebäuden mit kleinen Wohnungen. Wer dort lebt, kennt seine Nachbarinnen und Nachbarn oft schon jahrzehntelang, man hat zusammen gearbeitet und sich beim Älterwerden zugesehen.

Heute ist die *danwei* zwar noch Verwaltungseinheit, hat aber längst ihre umfassende Bedeutung verloren. Die Zeiten lebenslanger Arbeitsplatzgarantien sind vorbei, die Zwangsverpflichtung auf einen Betrieb ebenso, die Gesellschaft ist flexibler und mobiler geworden. Man wohnt nicht mehr dort, wo man arbeitet, sondern nimmt lange Wege vom Stadtrand zum Arbeitsplatz in Kauf, dafür ist man auch nicht mehr der umfassenden sozialen Kontrolle der *danwei* ausgesetzt.

Doch auch die anonymen Apartmentsiedlungen, die um die Städte herum wachsen, lassen sich als Fortführung einer Bautradition sehen, die in der Abgrenzung gegenüber dem Außen versucht, nach innen eine Art von Gemeinschaft und Identität aufrechtzuerhalten. Etwas Heimeliges eben.

Harte Fakten

Chinas Städte sind in den letzten Jahrzehnten extrem gewachsen. Noch 1978 lebten nur knapp 18 Prozent der Bevölkerung in Städten, 2005 waren es rund 42 Prozent, inzwischen sind es fast 64 Prozent (über 900 Millionen Menschen). Die Städte explodierten dementsprechend. Zwischen 1990 und 2020 vervielfachte sich die Einwohnerzahl aller Städte, in Beijing stieg sie von 5,5 auf 19 Millionen, in Shanghai verdreifachte sie sich nahezu von 7,8 auf 21,9 Millionen. Teilweise noch extremer ist die Entwicklung in kleineren Städten wie dem »Weihnachtsdorf« Yiwu in der Provinz Zhejiang (siehe Kapitel 37, S. 168). 2020 lebten dort 1,48 Millionen Menschen, rund zehnmal so viele wie 30 Jahre vorher.

EIN GUT GEKNÜPFTES BEZIEHUNGSNETZ HILFT IN CHINA IN JEDER LEBENSLAGE

5

Soziale Beziehungen

Sie suchen einen neuen Job oder eine neue Wohnung? Sie brauchen zeitnah einen Termin bei einem guten Arzt, sind in einen Autounfall verwickelt oder müssen ein Zugticket während des Frühlingsfestes besorgen? Ihre Tochter benötigt einen Praktikumsplatz, und ihr Sohn sollte mit 30 allmählich eine Frau finden? Wer sich in China einer Schwierigkeit gegenübersieht, wird normalerweise als Erstes zum Telefon greifen und einen Bekannten anrufen, der weiterhelfen kann oder eine Bekannte hat, die eine Schwester hat, deren Schwiegermutter jemanden kennt, der Beziehungen hat. *Guanxi* heißt das Zauberwort, das chinesische Sesam-öffne-dich. Im

Wörterbuch ist es simpel mit »Verbindung, Beziehung« übersetzt, aber die Bedeutung ist wesentlich vielschichtiger und schwankt zwischen Freundschaftsdienst, Vetternwirtschaft, Networking und Korruption, zwischen hilfsbereit und kriminell. Durch *guanxi* kann man an Dinge kommen, die man sonst nicht bekommen würde, und *guanxi* kann dazu führen, dass man Dinge für jemanden tun muss, die man eigentlich nicht tun möchte. Durch *guanxi* werden Menschen auf Posten gesetzt, für die sie nicht qualifiziert sind und auf denen sie keiner haben will. Es kann aber auch Türen öffnen, Projekte voranbringen oder sie überhaupt erst ermöglichen. Der *guanxi*-Gedanke ist in China so verwurzelt, dass viele gar nicht mehr auf die Idee kommen, etwas auf eigene Faust zu versuchen.

Ein solches Beziehungsnetz muss natürlich sorgfältig aufgebaut und gepflegt werden. Den Anfang bilden vielleicht Familienmitglieder, Menschen, die aus der gleichen Stadt kommen, oder ehemalige Mitstudierende. Durch sie lernt man wiederum andere Leute kennen. Die Tatsache, dass man gemeinsame Bekannte hat, sichert die neue Beziehung ab und schafft ein Grundvertrauen. Gemeinsames Essen und Trinken, Geschenke und Gegengeschenke, freundlicher Small Talk und Gefälligkeiten vertiefen nach und nach den Kontakt, machen ihn tragfähiger und schaffen mit der Zeit ein verbindliches Netz aus gegenseitigen Verpflichtungen, auf das man sich verlassen, dem man sich aber auch kaum entziehen kann.

Es ist schwierig, im Berufsleben Fuß zu fassen, wenn man nicht über ein solches Netz verfügt. Ausländische Geschäftsleute merken schnell, dass es nicht genügt, ein gutes Produkt anbieten zu können, man braucht auch chinesische Partner mit *guanxi,* um beruflich in China erfolgreich zu sein.

Guanxi sind also Gold wert und erleichtern das Leben privat wie beruflich, sie kosten aber auch viel Zeit und Energie. Ein chinesischer Bekannter gestand einmal, wie angenehm er es in Deutschland finde, nach Feierabend einfach nach Hause gehen zu können und nicht noch ständig mit irgendwelchen Leuten essen gehen zu müssen, um neue Kontakte zu knüpfen.

Und bei uns?

Natürlich erleichtern auch bei uns Beziehungen das berufliche Weiterkommen, doch idealerweise sollte die persönliche Leistung die entscheidende Rolle spielen. Statt von Vitamin B oder Vetternwirtschaft spricht man deshalb heutzutage lieber vom positiver besetzten Networking. Das Beziehungsnetz ist in Deutschland allerdings deutlich weitmaschiger als in China, die Beziehungen sind weniger verpflichtend und oft auf den beruflichen Bereich beschränkt. Ein weiterer Unterschied ist, dass in Deutschland Beziehungen zwischen zwei Personen bestehen und man nicht noch, wie in China, auch für Kinder, Freunde und Bekannte der Bekannten zuständig ist.

FREUNDSCHAFTEN IN CHINA SIND SCHÖN, MANCHMAL ABER AUCH GANZ SCHÖN ANSTRENGEND

Das chinesische Beziehungsnetz (siehe Kapitel 5, S. 30) überzieht das ganze Land. Es ist keineswegs auf den beruflichen Bereich beschränkt, sondern gehört auch zum Privatleben. Das verunsichert Menschen aus dem Ausland manchmal, sie wissen nicht, ob die anderen aus Freundschaft nett zu ihnen sind oder sie ausnutzen wollen, ob Geschenke einfach nur eine freundliche Geste sind oder ob eine Gegenleistung erwartet wird. In China wird man sich diese Frage kaum stellen. Dass eine Beziehung nützlich sein kann und genutzt wird, heißt ja nicht, dass dahinter nicht auch tiefe Gefühle stehen können.

Es gibt aber noch andere Probleme, die einer deutsch-chinesischen Freundschaft im Wege stehen. Die Sprachbarriere spielt häufig eine Rolle, auch die Tatsache, dass man keine gemeinsame Geschichte hat und mit einem unterschiedlichen kulturellen Hintergrund aufgewachsen ist, der nicht zuletzt die Art und Weise prägt, wie und wo man Freundinnen und Freunde findet. In Deutschland wird Nähe zum Beispiel häufig über Gespräche hergestellt, in denen man abtastet, ob man gemeinsame Meinungen und Werte teilt. Die deutsche Eigenart, zu allem eine Meinung haben zu müssen, findet man in China eher befremdlich. Von beiden Seiten hört man Klagen, wie schwer es sei, Freundschaften im anderen Land zu schließen. Am leichtesten fällt es oft denen, die sich in der eigenen Kultur nicht ganz zu Hause fühlen und ihr kritisch oder zumindest distanziert gegenüberstehen.

Wenn man jedoch, allen Hindernissen zum Trotz, in China Freundschaften geschlossen hat, dann sind das in der Regel sehr stabile und belastbare Beziehungen, auf die man sich in jeder Situation verlassen kann. Chinesische Freundinnen und Freunde werden einem Geld leihen, wenn man in der Klemme steckt, sie werden einen zu nachtschlafender Zeit zum Flughafen fahren und anfangen, sich nach einer geeigneten Wohnung umzuhören, wenn sie erfahren, dass man umziehen muss. Sie werden ihr eigenes Beziehungsnetz in Bewegung setzen, um zu helfen. Und das alles – anders als in Deutschland –, ohne dass man sie erst darum bitten muss. Genau da liegt aber auch das Problem. Chinesische Freundschaftsdienste schießen manchmal einfach über das Ziel hinaus. Da fragt man ganz harmlos nach einem Reiseziel und muss aufpassen, dass nicht gleich die ganze Reise organisiert wird. Man erwähnt, dass man ein bestimmtes Obst lecker findet, und schon bekommt man beim nächsten Besuch eine Kiste mit fünf Kilo davon in die Hand gedrückt. Chinesische Freundinnen und Freunde sind großzügig, und das kann manchmal beschämend sein: zu viele Geschenke, zu viele Einladungen in zu teure Restaurants, zu viel Fürsorge, zu viel Einmischung. Man muss lernen, damit umzugehen, es je nach Situation vorsichtig abzuwehren oder es einfach anzunehmen und darauf zu vertrauen, dass man sich schon irgendwie irgendwann revanchieren können wird. Denn natürlich ist so eine Freundschaft keine Einbahnstraße.

Gut zu wissen

In einem Land, in dem Beziehungen eine so wichtige Rolle spielen wie in China, haben sich natürlich viele Bezeichnungen für unterschiedliche Arten von Freundschaften entwickelt. Es gibt zum Beispiel verschiedene Begriffe für generationsübergreifende enge Beziehungen, wie die *ganma*, die »Trockenmutter«, und ihre »Trockenkinder«, eine Art Wahlfamilie, vergleichbar mit der Patentante (oder dem Patenonkel) bei uns, nur dass sich die Kinder diese Trockeneltern auch selbst und noch im Erwachsenenalter aussuchen können. Ein anderes Konzept ist die *wangnianjiao*, die »Vergiss-das-Alter-Beziehung«, eine tiefe Freundschaft zwischen Menschen über Altersgrenzen hinweg, aber ohne die Verbindlichkeit einer Eltern-Kind-Beziehung. Dass es dafür ein spezielles Wort gibt, hängt wohl mit der konfuzianischen Tradition zusammen, in der die Älteren den Jüngeren übergeordnet sind. Will man also eine gleichberechtigte Freundschaft zwischen zwei Menschen aus verschiedenen Generationen, muss man das Alter außer Acht lassen. Aber natürlich gibt es auch in China nicht nur Busenfreunde, *miyou*, manchmal will man auch einfach nur seinen Spaß haben, mit anderen um die Häuser ziehen und sich amüsieren, ohne gleich über Gefühle sprechen zu müssen. Dafür gibt es dann die *jiuroupengyou*, die »Alkohol-Fleisch-Freunde«.

IM GESPROCHENEN CHINESISCH SIND LÄUSE UND LÖWEN SCHWER ZU UNTERSCHEIDEN

Wenn Sie Chinesisch hören und den Eindruck haben, das klingt alles irgendwie gleich, dann haben Sie gar nicht so unrecht. Tatsächlich gibt es im Hochchinesischen nur etwa 411 Silben, dazu fünf verschiedene Arten, wie man sie betonen kann (und leider auch muss). Da es nicht jede Silbe in jedem Ton gibt, bleiben 1.338 akustisch unterscheidbare Silben, die jeweils einem Wort oder einer Bedeutung in einem zusammengesetzten Wort entsprechen. Das ist ziemlich wenig. Das Englische kennt zum Beispiel etwa 8.000 Silben. Da es natürlich mehr als 1.338 Wörter gibt, kommt es zwangsläufig zu Mehrfachbelegungen. Manche Silben haben

mehr als 100 verschiedene Bedeutungen. *Shi* beispielsweise, im ersten Ton (gleichbleibend hoch) ausgesprochen, kann »Lehrer« heißen, aber auch »Leiche«, »Laus«
oder »Löwe«. Oder »Gedicht«. Es kann auch ein Verb
sein, »etwas verlieren« oder »etwas durchführen« oder
das Adjektiv »feucht«. Das macht das Hörverstehen zum
Ratespiel. Während man sich in anderen Fremdspra-
chen zusammenreimen kann, worüber gesprochen wird,
wenn man ein paar Wörter aufschnappt, muss man im
Chinesischen schon ungefähr wissen, worum es geht,
um die Wörter zu verstehen. Hinzu kommt, dass in vielen Dialekten die ohnehin schon wenigen Silben noch
weiter reduziert werden. Im Süden spricht man oft kein
sch, *shi* klingt dann wie *si, zhong* wie *zong*. In manchen
Gegenden sprechen die Einheimischen f statt h oder l
statt n. Und haben dann eben ein »blaues« *(lan)* und ein
»grünes« *(lü)* Kind, statt eines »Sohnes« *(nan)* und einer
»Tochter« *(nü)*. Fehlt der Kontext, haben auch Chinesinnen und Chinesen Probleme, die Bedeutung einer Silbe
zu verstehen. Bei einem Namen etwa muss häufig erst
einmal geklärt werden, welche der vielen möglichen Bedeutungen gemeint ist und mit welchem Schriftzeichen
er geschrieben wird.

Um die Verständigung dennoch zu ermöglichen, haben sich einige Strategien herausgebildet. So bestehen
im modernen Chinesisch inzwischen viele Wörter aus
zwei Silben, die sich gegenseitig begrenzen und sich so
einen Kontext verschaffen. Die Silbe *guo* (im dritten Ton
ausgesprochen) kann zum Beispiel »Frucht«, oder »ein-
wickeln« bedeuten. Stellt man die Silbe *shui*, »Wasser«,

davor *(shuiguo)*, ist klar, dass es sich um eine »Frucht« handeln muss, denn »Wasser-einwickeln« ergäbe keinen Sinn. Eine andere Möglichkeit sind die zahlreichen sogenannten Zähleinheitswörter, die man vor ein Wort stellt. Sie geben zum Beispiel Hinweise darauf, ob es sich um einen langen, schmalen Gegenstand handelt (wie Hosen, Fische, Krawatten, Krokodile, ...), ein Objekt mit Griff (Teekanne, Stuhl, Geige, Schirm, ...) oder etwas Kleines, Rundes (Diamant, Schweißperle, Bombe, ...), um nur ein paar Beispiele zu nennen.

Ein chinesischer Linguist hat übrigens einmal eine Geschichte erfunden, die nur aus der Silbe *shi* (mit verschiedenen Betonungen) besteht. Es geht darin um einen Löwen in einer steinernen Stadt, aber das versteht niemand, der sie nur hört. Der Sprachwissenschaftler wollte die Bedeutung der Schriftzeichen hervorheben. Denn beim Schreiben (und Lesen) ist das alles kein Problem, jede Bedeutung wird mit einem anderen Schriftzeichen abgebildet. Der Mangel an Silben wird also durch eine Fülle an Schriftzeichen mehr als ausgeglichen (siehe Kapitel 46, S. 206). Was das Erlernen dieser Sprache allerdings keineswegs einfacher macht!

IN CHINA BRINGEN FLEDERMÄUSE GLÜCK UND 520 IST EINE LIEBESERKLÄRUNG

In *Herzklopfen heißt das Spiel*, einem Roman voller Sprachwitz und Anspielungen von Wang Shuo, erhält die Hauptperson zu Beginn ein Telegramm von einem gewissen Ming Song, über dessen Namen sich seine Freunde köstlich amüsieren. *Ming Song* heißt nämlich »helle Kiefer«, bedeutet aber – anders geschrieben, doch gleich ausgesprochen – auch »berühmter vorzeitiger Samenerguss«.

Die Silbenarmut der chinesischen Sprache (siehe Kapitel 7, S. 37) erschwert zwar das Verstehen, lädt aber auch zum Spielen mit Sprache ein. Durch ein Wort kann man viele andere Bedeutungen anklingen lassen. Das hat die chinesische Lyrik bereichert, es ist auch die Basis für viele Witze, Bräuche und abergläubische Gewohnheiten. So gilt die Fledermaus als Glückssymbol, weil ihr Name *fu* wie das *fu* für »Glück, glückbringend« ausgesprochen wird. Da »umdrehen« und »ankommen« gleich klingen, bringt man das *fu*-Glückszeichen an vielen Wohnungstüren kopfüber an. Das Glück ist nämlich schon da! Und dass überall rotgoldene Fische als Deko herumhängen, liegt daran, dass der »Fisch«, *yu*, für Wohlstand steht, weil *yu* auch »Überfluss« bedeutet. Relativ bekannt ist inzwischen, dass die Zahl vier, *si*, in China als Unglückszahl gilt, weil ihre Aussprache fast genauso klingt wie *si*, »sterben«. Deshalb gibt es in vielen Hotels keine Stockwerke mit der Zahl vier, deshalb ist es eine schlechte Idee, einen Vertrag am vierten eines Monats abzuschließen, und deshalb sollten weder die Anzahl der Gäste noch der Gerichte bei einem Fest eine vier enthalten. Wer Geld sparen möchte und nicht abergläubisch ist, kann eine Telefonnummer oder ein Autokennzeichen mit einer vier billig bekommen. Ganz anders sieht es bei der acht, *ba*, aus, der absoluten Lieblingszahl in China. Angeblich hat eine chinesische Fluglinie 2003 die Telefonnummer 8888 8888 für umgerechnet 320.000 Euro gekauft. Nicht umsonst haben auch die Olympischen Spiele in Beijing am 8. 8. 2008 um acht Uhr abends begonnen. Dieser Hype geht auf die kantonesische Aussprache von *fa* zurück *(ba)*, das in der Kombination *fa cai* so viel wie »reich werden« bedeutet? Die Zahl neun, *jiu,* steht dagegen für Langlebigkeit, denn *jiu* heißt auch »lange während«.

Bei den Assoziationen nimmt man es mit dem Gleichklang nicht immer ganz genau, das gilt besonders für
Zahlenkombinationen, die sich im Netz als Kürzel
durchgesetzt haben. Eine vage Ähnlichkeit mit einem
anderen Wort genügt da oft schon, um sich die mühsa-
me Tipperei zu vereinfachen. So wird fünf *(wu)* oft mit
»ich« *(wo)* gleichsetzt, eins *(yao)* mit »wollen« *(yao)* und
zwei *(er)* mit »Liebe« *(ai)*. 520 wird so zum Kürzel für
»Ich liebe dich«. Wer seiner Liebeserklärung besonderen Nachdruck verleihen will, kann noch 999 ergänzen
(»lange, lange, lange«). Zahlendreher sollte man hier übrigens unbedingt vermeiden, denn 250 bedeutet »Idiot«
und ist eine schwere Beleidigung. Zum Abschied kann
man beim Chatten einfach 886 *(ba ba liu)* eingeben, das
klingt wie *bye bye le*. Schöner als ein »Tschüss«, über
das schon manche chinesische Austauschstudierende in
Deutschland befremdet waren. Klingt es doch wie *qu si*,
was so etwa »Fahr zur Hölle« bedeutet.

Gut zu wissen

Weitere nützliche Abkürzungen:

- 687: Entschuldigung.
- 9494: So ist es.
- 5257: Ich liebe meine Frau.
- 1414: Ich will sterben. (Eine schlechte Nummer für
  Taxifahrer)
- 770: Ich küsse dich.
- 880: Ich umarme dich.
- 7456: Ich bin außer mir vor Ärger.

IN CHINA DREHT SICH ALLES UMS ESSEN

Die Bedeutung, die Essen in China hat, kann gar nicht überschätzt werden. »Essen ist des Volkes Himmelreich«, hieß es schon vor 2.000 Jahren in der Han-Dynastie. Immer noch begrüßt man Bekannte auf der Straße mit *Chiguo le ma?* »Hast du schon gegessen?« Auf den Werbebildschirmen der öffentlichen Verkehrs- mittel laufen Kochvideos, und wenn irgendwo ein paar Leute aufgeregt miteinander sprechen und diskutieren, kann man davon ausgehen, dass sich das Gespräch ums Essen dreht, um eine bestimmte Zubereitungsart, darü- ber, welche Spezialitäten es in einer Provinz gibt, um ein tolles neues Restaurant, das man unbedingt besuchen muss, oder Ähnliches. Wenig verbindet die Menschen in China so sehr wie die tiefe Überzeugung, dass sie das Land mit der vielfältigsten, gesündesten, vor allem aber schmackhaftesten Küche der Welt sind. Die Begeisterung für die eigene Küche ist ein Kitt, der die Gesellschaft auf der Alltagsebene mehr zusammenhält als alle sonstigen nationalen Errungenschaften, denn das Interesse am Essen teilen alle, Alt und Jung, Arm und Reich, Leute aus der Stadt und vom Land, Studierende und Wanderarbeiter. »Essen hat für Chinesen die gleiche Bedeutung wie für Latinos der Sex«, befand ein Bekannter aus Ecuador nach einigen Jahren in China, und der Psychologe Sun Longji kam in den 1980er Jahren in seinem Buch *Das ummauerte Ich* gar zu dem Schluss: »Man könnte sagen, dass Essen in der chinesischen Kultur die einzig legitime Triebbefriedigung darstellt.«

Jede Region hat ihre Spezialitäten, zu jedem Feiertag gibt es besondere Gerichte, und jedes Treffen, ob mit Freundinnen, der Familie oder Geschäftspartnern, wird mit einem Essen begangen. Dem entspricht die Vielzahl der Restaurants jeder Preisklasse und Ausstattung. Protzige Fresstempel mit Lüstern und vergoldeten Säulen, vornehme Restaurants, die sich in alten Palästen eingerichtet haben, einfache Gaststätten, in denen es voll und laut ist, oder kleine Imbissstände mit ein, zwei Tischchen, eng und im Winter kalt und zugig, in denen die Gäste zusammengekrümmt über ihren Schüsseln sitzen und den Inhalt in sich hineinschlürfen, dazu Straßenstände mit frischen Köstlichkeiten ... und jede erdenkliche Variante dazwischen.

Da man normalerweise in Gruppen essen geht und die Gerichte für alle in die Mitte des Tisches gestellt werden, ist die Bestellung eine aufwendige Prozedur. Alle Wünsche, Vorlieben und Abneigungen müssen berücksichtigt werden, alle Geschmacksrichtungen sollten vertreten sein, und außerdem will man natürlich die Spezialitäten des Hauses probieren. Je größer die Gruppe, desto mehr und vielfältiger kann man bestellen. Undenkbar, dass man – wie es in Deutschland oft vorkommt – zusammen essen geht und mehrere Personen das gleiche Gericht bestellen! Meistens wird zu viel bestellt, aber das macht nichts, denn selbst in feinen Lokalen ist es kein Problem, sich die Reste einpacken zu lassen. Die Atmosphäre ist normalerweise ungezwungen. Es wird laut geredet, getrunken, geschmatzt und geschlürft. Tatsächlich wissen viele nicht, dass letzteres in Europa auf mangelnde Tischmanieren hinweist und nicht etwa ein Lob für die Qualität des Essens ausdrückt.

Aber die Bedeutung des Essens geht weit über die bloße Freude am Geschmack und am Beisammensein hinaus. Kochen und Essen sind Möglichkeiten, Gefühle auszudrücken oder zu kompensieren, für die es kein gesellschaftlich akzeptiertes Ventil gibt. Das Sprichwort »Liebe geht durch den Magen« hätte in China erfunden werden müssen. Viele chinesische Eltern nehmen ihre Kinder selten in den Arm oder sagen so gut wie nie direkt, dass sie sie lieben. Sie drücken ihre Fürsorge und Zuneigung anders aus, unter anderem dadurch, dass sie sich um das leibliche Wohl ihrer Kinder kümmern, ihnen ihr Lieblingsessen kochen, ihnen die besten Bissen auf den Teller legen oder sich am Telefon erkundigen, ob sie auch genug zu essen haben (und notfalls Carepakete schicken). Die ältere Generation hat noch die Hungersnöte Anfang der 1960er Jahre miterlebt, als nach verschiedenen Schätzungen 20 bis 40 Millionen Menschen in China starben. Für diese Generation, die häufig für die Betreuung der Enkelkinder zuständig ist (siehe Kapitel 41, S. 183), bedeutet Liebe, jemanden satt zu machen – und nicht selten hoffnungslos zu überfüttern. Es ist kein Wunder, wenn vor allem Kinder und junge Erwachsene in China heute im Durchschnitt deutlich dicker sind als noch vor 15 Jahren. Das liegt zum einen am wachsenden Wohlstand und an den Veränderungen der Essgewohnheiten. Auch in China, das so stolz auf seine gute Küche ist, gibt es immer mehr Fastfood-Restaurants mit fettem, süßem Essen. Die Bewegungsarmut der Handygeneration mag dazukommen. Aber sicher ist auch ein Grund, dass Essen für viele Chinesinnen und Chinesen seit der Kindheit für Trost und Liebe steht und dadurch zum bevorzugten Mittel wird, um den gesellschaftlichen Druck, unter dem viele stehen, zu kompensieren (siehe Kapitel 45, S. 200).

Gut zu wissen

Auch in übertragener Bedeutung wird in China vieles gegessen und geschluckt: Wer »Schrecken isst« *(chijing)*, ist bestürzt, wer »Essig isst« *(chicu)*, eifersüchtig, und wer »Bitternis isst« *(chiku)*, muss einiges durchmachen. Durch nichts weichzukriegen ist, wer »weder weich noch hart isst« *(ruanyingbuchi)*. Wer »Tofu isst« *(chidoufu)*, baggert jemanden an, und wer seinen »Einsatz aufisst« *(chilaoben)*, ruht sich auf seinen Lorbeeren aus.

WER SICH VEGETARISCH ERNÄHRT, MUSS IN CHINA NICHT AUF PEKINGENTE VERZICHTEN

Weder auf Pekingente muss man verzichten, noch auf Lammspieße, zart durchgegarten Schweinebauch oder Fischsuppe mit Garnelen. Auf der Speisekarte eines vegetarischen Restaurants in China ist es manchmal eher schwierig, ein Gemüsegericht zu finden. Wer deshalb glaubt, im falschen Lokal gelandet zu sein, und wieder gehen will, dem wird versichert, alles sei selbstverständlich rein pflanzlich. Auch wenn es weder so aussieht, noch so riecht, noch so schmeckt. Diese Gerichte haben nichts mit den hiesigen Veggie-Würstchen oder der Pseudomortadella aus dem Reformhaus zu tun. Während in deutschen Klöstern seit dem Mittelalter das spirituelle Streben auch in die Bierherstellung eingeflossen ist, hat sich in China im religiösen Umfeld des Buddhismus über anderthalb Jahrtausende hinweg eine Küche entwickelt, die die Nachbildung von Fleischgerichten zur Perfektion entwickelt hat. Da ist der »Fisch« in Seetang eingewickelt, was ihn nach Salzwasser und Meer schmecken lässt, selbst »Gräten« gibt es, die aber nicht im Hals stecken bleiben. Und eine »Speckschwarte« kann ein Kochkünstler aus knuspriger Tofuhaut und Yamswurzelmehl nachbilden. Auch Konjakmehl oder Weizengluten kommen zum Einsatz. Und natürlich Tofu. Der hat in China nichts mit dem weißen, geschmacklosen Brocken zu tun, als den ihn viele in Deutschland missverstehen, sondern kommt in unzähligen leckeren Varianten daher, weich oder fest, gebraten, gebacken, gegrillt oder frittiert, zart oder knusprig. Zudem kann die vegetarische Küche auf zahllose Pilze, Kräuter und Gemüsesorten aus dem ganzen Land zurückgreifen, von denen man einige in Deutschland kaum kennt oder nur sehr teuer in Spezialgeschäften kaufen kann, wie Lotuswurzeln oder Bittergurke.

Eigentlich erstaunlich, dass sich trotzdem nur 50 Millionen Menschen in China rein vegetarisch ernähren, das sind gerade mal 3,6 Prozent der Bevölkerung. Stattdessen steigt der Fleischkonsum seit Jahren kontinuierlich an, inzwischen isst man in China durchschnittlich sogar noch mehr Tiere als in Deutschland.

Harte Fakten

1982 verzehrte man in China pro Kopf und Jahr nur 13 Kilo Fleisch, 2018 waren es 62 Kilo (Deutschland knapp 60 Kilo). Rund 28 Prozent der weltweiten Fleischproduktion und die Hälfte des Schweinefleisches werden in China gegessen.

Ein Grund ist sicher, dass viele Menschen in China in der Vergangenheit »Zwangsvegetarier« waren, das heißt so arm, dass sie sich Fleisch nur sehr selten, vielleicht sogar nur einmal im Jahr zum Frühlingsfest leisten konnten. Sie haben Nachholbedarf, Fleisch steht für Genuss, Wohlstand, ein gutes Leben. Man kann es sich leisten. Doch es hat seinen Preis, nicht nur im Supermarkt. Die Veränderungen der Ernährungsgewohnheiten haben in China zu Übergewicht und einem erheblichen Anstieg an Diabetes und Herz-Kreislauf-Erkrankungen geführt. Die chinesische Regierung startete 2016 eine Kampagne, die das Volk mithilfe von Fernsehspots und Plakaten davon überzeugen sollte, den Fleischkonsum auf die Hälfte zu reduzieren, der Volksgesundheit zuliebe und auch dem Klimaschutz. Es kam sogar zu einer Zusammenarbeit mit Arnold Schwarzenegger, dem Terminator, der vermutlich das Vorurteil widerlegen sollte, dass starke Männer Fleisch brauchen. Aber das chinesische Volk, an staatliche Erziehungsversuche und Kampagnen gewöhnt (siehe Kapitel 18, S. 82), war nicht sehr beeindruckt.

Doch es scheint, als ob sich, zumindest in den größeren Städten, allmählich etwas verändert, als ob es trendy werden könnte, vegetarisch zu essen. Daran sind nicht zuletzt diverse Lebensmittelskandale der letzten Jahre schuld, die den Wunsch nach gesundem Essen verstärkt haben (siehe Kapitel 21, S. 95). Viele vegetarische Restaurants werben mit organischen Lebensmitteln. Ein weiterer Grund könnte die Rückbesinnung auf Religion und ethische Werte sein. Der weltanschauliche Hintergrund ist in vielen dieser Restaurants sehr präsent, an den Wänden hängen oft Buddha-Bilder, religiöse Bücher und Broschüren weisen auf das schlechte Karma hin, das der Verzehr von Tieren nach sich zieht. Und zum Essen flimmert vielleicht noch ein kitschiges indisches Video über das Leben des Siddhartha Gautama Buddha über den Bildschirm. Kurz: Man kann in diesen Restaurants nicht nur köstlich essen, sondern auch noch das Gefühl haben, sich gesund zu ernähren und der Welt etwas Gutes zu tun.

IN CHINA KOMMEN DIE MEISTEN GÖTTER GANZ GUT MITEINANDER AUS

Ein buddhistischer Heiliger, der zu einer Frau wird, ein Buddha, der ziemlich an Gewicht zulegt, ein Philosoph, der in den Götterhimmel aufsteigt – im chinesischen Götterkosmos ist es im Laufe der Jahrtausende zu vielen Veränderungen und Vermengungen gekommen. »Vergiss die Meinungen!«, heißt es schon beim Daoisten Zhuangzi vor rund 2.500 Jahren, denn »weit besser als das Streben, jedem Nein des anderen ein Ja und jedem Ja des anderen ein Nein entgegenzusetzen, ist der Weg der Erleuchtung.« Im religiösen Bereich hat diese Haltung im alten China dazu beigetragen, dass der Kampf um Glaubensvorstellungen und um »Wahrheit« nie dieselbe Dimension angenommen hat wie in Europa. Keine Religionskriege, keine Kreuzzüge, keine Inquisition.

Laut Schätzungen der CIA von 2019 gehören 52,2 Prozent der Menschen in China keiner religiösen Gruppierung an, was weltweit gesehen ein sehr hoher Wert ist. Die offiziell anerkannten fünf Religionsgemeinschaften – Buddhismus, Daoismus, Islam, Katholizismus und Protestantismus – haben, je nach Schätzung, zusammen 100 bis 350 Millionen Gläubige. Und der Rest? Ein buntes Durcheinander aus Volksreligion, abergläubischen Bräuchen und den »drei großen Lehren«, Daoismus, Buddhismus und Konfuzianismus (der offiziell nicht als Religion, sondern als Philosophie gilt). Viele Chinesinnen und Chinesen sind vielleicht nicht religiös, aber das heißt ja nicht, dass man nicht mal zu einem Wahrsager gehen, den Ahnen ein Opfer darbringen oder im Tempel Räucherstäbchen anzünden kann, wenn man ein Problem hat. Schaden kann es nicht. Schon Konfuzius äußerte sich ausweichend zur Existenz von Göttern, befand aber, dass man ihnen so opfern sollte, als ob es sie gäbe.

Sowohl Daoismus als auch Konfuzianismus haben schon zweieinhalbtausend Jahre auf dem Buckel. Trotz aller Unterschiede beziehen sich beide auf Konzepte und kosmologische Vorstellungen, die weit älter sind und von keiner Religion oder Philosophie in China infrage gestellt wurden. Dazu gehört die Idee vom Dao als dem Urgrund allen Seins oder die Vorstellung von Yin und Yang als gegensätzliche und zusammengehörende Kräfte, Ideen, auf denen auch heute noch die traditionelle chinesische Medizin oder Körperübungen wie Qigong

und Tai-Chi basieren. Hinzu kam der chinesische Volksglaube mit seinem Ahnenkult und zahlreichen Mythen
und Göttern. Im Wunsch nach konkreten Ansprechpart-
nern bemächtigte er sich irgendwann auch der daoistischen Philosophie und machte aus ihr eine Religion mit
Höllen- und Paradiesvorstellungen, magischen Ritualen – die Suche nach der Unsterblichkeit spielt dabei eine
gewisse Rolle – und einem Götterhimmel, in dem neben
dem Gott des Reichtums auch der Philosoph Laozi seinen Platz fand. Es sind alles recht diesseitige, praktisch
orientierte religiöse Vorstellungen ohne einen Erlöser-
gott oder die Idee von einem Leben nach dem Tod.

Der Buddhismus, der aus Indien nach China kam und
sich im 7. Jahrhundert in weiteren Bevölkerungskreisen
durchsetzen konnte, fügte sich gut ein beziehungswei-
se wurde angepasst. Eine der beliebtesten Göttinnen in
China, Guanyin, die Göttin des Mitgefühls, war in der
buddhistischen Überlieferung ursprünglich ein männlicher Bodhisattva. Doch mit der Zeit vermischten sich
Legenden und ältere Traditionen mit dem Bedürfnis
nach einer weiblichen Gottheit, sodass ab dem neunten
Jahrhundert Guanyin zunehmend als Frau dargestellt
wurde, eine buddhistische Maria sozusagen. Auch die
schlanke indische Buddha-Figur wurde den damaligen
chinesischen Schönheits- und Glücksvorstellungen angepasst und zu einem dickbäuchigen, lachenden Buddha, der besonders im Chan-Buddhismus verehrt wird.
Dieser wiederum entstand aus der Vermengung von
Buddhismus und Daoismus, im Westen besser bekannt
unter der japanischen Variante Zen.

In China sehen viele in den drei Lehren nicht nur keinen Widerspruch, sondern eine Ergänzung, eine Art Arbeitsteilung. »Ein Chinese ist Konfuzianer, wenn es ihm gut geht, er ist Daoist, wenn es ihm schlecht geht, und er ist Buddhist im Angesicht des Todes«, besagt ein Sprichwort.

Der Kommunismus unter Mao war da weniger tolerant, er duldete keine anderen Götter neben sich. Der alte Volksglaube wurde als Aberglaube gebrandmarkt, konfuzianische Riten als feudale Gebräuche. Während der Kulturrevolution wurden unzählige Tempel zerstört und Mönche und Nonnen ermordet oder in Arbeitslager gesteckt. Doch letzten Endes hat sich der Volksglaube als sehr überlebensfähig erwiesen. Und als toleranter als seine Widersacher. Auch Mao wurde in den Götterhimmel aufgenommen, mancher Taxifahrer hat ihn als Figur am Autospiegel hängen, um vor Verkehrsunfällen geschützt zu sein, und auf manchem Hausaltar hat er seinen Platz neben den anderen Göttern und den Ahnen.

GELD UND ERFOLG MACHEN DAS CHRISTENTUM IN CHINA ATTRAKTIV – UND VERDÄCHTIG

12

Christentum

Hätten die christlichen Führer nur ein wenig mehr von der religiösen Toleranz des alten China gehabt, wäre das Land heute womöglich christlich geprägt. Im Laufe des 17. Jahrhunderts war es den Jesuiten gelungen, sich bis an den chinesischen Kaiserhof vorzuarbeiten und dort als Wissenschaftler zu Ansehen zu gelangen. Der Kaiser stand ihrer Religion aufgeschlossen gegenüber, doch dann fielen ihre Erfolge einem innerreligiösen Konkurrenzkampf zum Opfer. Die Mitbrüder anderer Orden hinterbrachten dem Papst, die Jesuiten würden heidnische Bräuche wie den Ahnenkult und die Verehrung von Konfuzius dulden. Vergeblich machten diese geltend, dass es sich dabei nur um zivile Bräuche handle, die ohne Weiteres mit dem christlichen Glauben vereinbar seien. Der Streit zog sich lange hin, doch schließlich sprach der Papst ein Machtwort und verbot Christen die Teilnahme an diesen Riten. Damit war die christliche Mission in China gescheitert. Die meisten Missionare mussten das Land verlassen, und die Ausübung des Christentums wurde verboten.

Erst im 19. Jahrhundert kam wieder eine nennenswerte Anzahl von Missionaren (und nun auch einige Missionarinnen) ins Land, dieses Mal vor allem aus der protestantischen Kirche. Sie kamen im Gefolge der Opiumkriege, durch die das unterlegene chinesische Reich gezwungen worden war, das Land dem ausländischen Handel und der christlichen Mission zu öffnen. Der Erfolg war mäßig. Zwar bildeten sich christliche Gemeinden, doch selbst Missionare konnten sich nicht immer des Verdachts erwehren, dass ihre Schäfchen, die meist aus der armen Bevölkerung stammten, womöglich nur auf handfeste Vorteile aus waren, auf finanzielle Unterstützung, Unterricht für die Kinder und Hilfe bei Rechtshändeln. Nach der Ausrufung der Volksrepublik war erst einmal wieder Schluss, und alle Missionsgesellschaften wurden des Landes verwiesen. Noch heute steht in der Verfassung, dass »religiöse Organisationen und Angelegenheiten ... von keiner ausländischen Kraft beherrscht werden« dürfen. Was die Katholiken mit ihrem Papst in Rom in Schwierigkeiten bringt. So gibt es eine offizielle »patriotische« katholische Kirche und eine papsttreue Untergrundkirche. Auch viele Protestanten entziehen sich in sogenannten Hauskirchen der politischen Kontrolle durch den Staat, allerdings auch der theologischen Kontrolle durch die offizielle Kirche. Sie haben oft eine emotional-spirituelle Orientierung, was die Gefahr der pseudoreligiösen Sektenbildung in sich birgt.

Gut zu wissen

Mit Sekten hat man in China schlechte Erfahrungen gemacht: Eine der größten sozialen Unruhen der neueren chinesischen Geschichte, der Taiping-Aufstand (1851–1864), geht auf eine christliche Sekte zurück. Der Führer Hong Xiuquan hielt sich für Jesus' jüngeren Bruder, nachdem er die Texte protestantischer Missionare gelesen hatte. Mit seiner Lehre, einer Mischung aus Christentum, Forderung nach sozialen Reformen und Hass auf korrupte Beamte und Großgrundbesitzer, konnte er vor allem die verarmte Landbevölkerung hinter sich bringen. Er eroberte Südchina und regierte es zwischen 1853 und 1864 von Nanjing aus. Mit 20 Millionen Toten ist der Aufstand einer der blutigsten Bürgerkriege der chinesischen Geschichte. Durch den Roman *Gott der Barbaren* von Stephan Thome ist das Thema auch hierzulande bekannter geworden.

Die Zahl der christlichen Gemeindemitglieder ist wegen dieser Grauzone schwer zu schätzen. Manche gehen von 30, andere von 100 Millionen aus, die Wahrheit wird irgendwo in der Mitte liegen. Auf jeden Fall verzeichnen sie, wie alle Religionsgemeinschaften, in den letzten Jahrzehnten seit Maos Tod ein rasantes Wachstum, sicherlich bedingt durch das ideologische Vakuum, das Kulturrevolution und kapitalistische Wende hinterlassen haben. Doch was zieht die Menschen speziell am Christentum an? Für einige ist es einfach eine exotische Religion, irgendwie modern, die neugierig macht und eine Menge Fragen aufwirft. Wie bei uns der Buddhismus. Andere erhoffen sich praktische Lebenshilfe. Es gibt tieffromme Menschen, die ihre gesamte Freizeit dem Studium der Bibel und der Missionierung im Bekanntenkreis widmen, und andere, die hoffen, dass der christliche Gott vielleicht auch geschäftlichen Erfolg begünstigt. Schon die alten Missionare hatten »als Beweis für die Wahrheit des Christentums verkündet, dass die christlichen Staaten, je christlicher sie seien, desto zivilisierter, mächtiger und reicher seien« (Richard Wilhelm: *Die Seele Chinas*). Auch in China selbst gibt es ein Beispiel für diese Behauptung: die Stadt Wenzhou in der reichen Ostprovinz Zhejiang, auch »das Jerusalem Chinas« genannt. Sie entwickelte sich in den letzten 35 Jahren zum größten urbanen christlichen Zentrum Chinas mit rund einer Million Gläubigen und etwa 2.000 Kirchen. In der gleichen Zeit wurde die verarmte ländliche Stadt zu einem regionalen Zentrum des globalen Kapitalismus mit einer Vielzahl mittelständischer Unternehmer, die sich »Boss-Christen« nennen und überzeugt sind, dass Gott sie bei ihren gesellschaftlichen Erfolgen gesegnet hat. Wenn das kein Beweis ist! (Allerdings gehen die Geschäfte in letzter Zeit etwas schlechter. Manche sprechen gar schon von Wenzhou als dem neuen Detroit.)

Dem Staat ist das Anwachsen der Glaubensgemeinschaften nicht geheuer. Nach einer Tauwetterperiode, in der man die Rolle von Religionen für die innere Harmonie und die gesellschaftliche Stabilität anerkannte, werden die Daumenschrauben jetzt wieder angezogen. Man fürchtet Extremismus und ausländische Infiltration. Staatschef Xi Jinping betonte in einer Grundsatzrede 2016 die Führungsrolle von Partei und Regierung. Die Religionen müssten chinesischer werden und »die sozialistischen Kernwerte praktizieren« (siehe Kapitel 18, S. 82). Zwischen 2014 und 2016 wurden in Wenzhou Kreuze von den Kirchendächern geholt und Untergrundkirchen geschlossen. Im neuen Religionsgesetz von 2018 heißt es: »Der Staat [...] leitet die Religionen aktiv dazu an, sich an die sozialistische Gesellschaft anzupassen.« Was immer das heißt.

Übrigens

Ausgerechnet im kommunistischen China steht die größte Bibeldruckerei der Welt, die Amity Printing Company in Nanjing. Gegründet wurde das Unternehmen 1988 von der christlichen chinesischen NGO Amity Foundation als Joint Venture mit dem Weltbund der Bibelgesellschaften. 1995 druckte man dort 10 Millionen Bibeln, 2016 waren es schon

150 Millionen. Gedruckt wird in 100 Sprachen und elf chinesischen Dialekten. Etwa die Hälfte der Exemplare wird in China verkauft.

FÜR DIE UNTERHALTUNG DER AHNEN WIRD IN CHINA UMFASSEND GESORGT

Es war eine, zumindest in westlichen Augen, ziemlich merkwürdige Trauerfeier, die da in einem Dorf am Stadtrand von Beijing stattfand. Die Angehörigen, erkennbar an weißen Kopfbinden und weißen Kutten über ihren Kleidern, hatten ein riesiges Zelt auf der Straße aufbauen lassen, um die mehr als 200 Gäste bewirten zu können. Auf dem Platz davor schepperte Discomusik aus großen Lautsprechern, und drei dralle junge Frauen in Jeans oder Minirock sangen Karaoke und tanzten dazu. Die Verstorbene, eine Frau über 90, war schon eingeäschert, doch ihr Foto stand auf einer Art Altar, davor Blumengebinde, kleine Pyramiden aus Teig und Nüssen und viele Teller mit Opfergaben wie Obst oder Kuchen, jeweils vier Stück, weil vier und Tod auf Chinesisch fast gleich klingen (siehe Kapitel 8, S. 40). Nach einer Weile bekam die Discomusik durch eine Gruppe traditioneller Musiker mit Tröten, Becken und Trommeln Konkurrenz. Diese entpuppten sich als wahre Multitalente, denn kurze Zeit später tauchten sie in gelben Kutten als buddhistische Mönche wieder auf und murmelten Gesänge. Gegen Abend setzte sich die Trauergemeinde in Bewegung. Vorneweg trug man zwei große, bunte Tiere aus Papier, eine Kuh und einen Esel, die die Tote und ihren schon länger verstorbenen Ehemann symbolisierten, außerdem einen Kasten mit (falschem) Papiergeld. Rituelles Weinen und Wehklagen, während die Mönche, die sich wieder in Musiker verwandelt hatten, fröhliche Revolutionslieder spielten. So bewegte sich die Prozession langsam an einer Ausfahrtstraße nach Beijing entlang, Autoverkehr, Neonlichter, eine Tankstelle. An einer Straßenkreuzung wurden Kuh, Esel und Papiergeld auf einen Haufen geworfen und angezündet. Dann war alles vorbei, und die Gäste gingen nach Hause.

Die große Fähigkeit vieler Chinesinnen und Chinesen, widerstreitende Traditionen flexibel zu verbinden und scheinbar Unvereinbares nebeneinander stehen zu lassen, bewährt sich offensichtlich auch bei Beerdigungen. Die Trauerrituale sind in China sehr unterschiedlich, je nach Ethnie und Wohnort. Auf dem Land ist immer noch die traditionelle Erdbestattung üblich, für die sich viele schon zu Lebzeiten einen schönen Sarg kaufen. Wenn man durch China fährt, sieht man oft verstreute Grabhügel, je nachdem, wo der Feng-Shui-Meister einen guten Platz ausfindig machte. In der Vergangenheit führten diese Grabstellen nicht selten zu Konflikten mit der Regierung oder ausländischen Mächten, etwa im 19. Jahrhundert, als Einheimische sich gegen den Eisenbahnbau wehrten, um die Ruhe ihrer Toten zu schützen.

Die Kommunistische Partei war gegen die Verschwendung von wertvollem Acker- oder Bauland und propagierte die Einäscherung. In den Städten sind heute nur noch Feuerbestattungen erlaubt. Auch aufwendige Rituale mit mehrtägigen Totenwachen und Hunderten von Trauergästen sind hier heruntergefahren. Trotzdem spielt der Ahnenkult auch im modernen China noch eine große Rolle. Nach einer Umfrage von 2010 wird geschätzt, dass über 750 Millionen Chinesinnen und Chinesen irgendeine Form der religiösen Ahnenverehrung praktizieren. Die Annahme, dass die Verstorbenen als Geister weiterhin auf das Leben ihrer Nachfahren Einfluss nehmen können, ist weit verbreitet. Traditionell steht in vielen Wohnungen, Häusern oder Geschäften ein kleiner Hausaltar, auf dem neben den Göttern auch die Ahnen ihren Platz haben, manche Dörfer unterhalten richtige Ahnenhallen.

Der chinesische Totengedenktag ist das Qingming-Fest. Es findet am 4. oder 5. April statt und ist seit 2008 ein offizieller Feiertag. An diesem Tag werden die Gräber gesäubert und gepflegt, die Familie versammelt sich, man zündet Räucherstäbchen an, verbeugt sich und stellt Opfergaben auf das Grab. Außerdem verbrennt man oft hübsch gemachte Papieropfer, die Dinge symbolisieren, die der oder die Verstorbene gerne gehabt hätte oder im Jenseits brauchen könnte, Geld oder ein Auto zum Beispiel, ein hübsches Kleid oder ein iPhone. Für junge (meist männliche) Verstorbene sucht man in manchen Gegenden sogar (illegal) tote Ehepartnerinnen für eine »Geisterehe«. Die beiden werden dann zeremoniell verheiratet und gemeinsam begraben. Niemand sollte im Totenreich allein sein.

Wer weit weg wohnt oder keine Zeit hat, persönlich ans Grab zu kommen, der kann übrigens mittlerweile auch im Internet die Ahnen ehren. In virtuellen Grabstellen hat man die Auswahl zwischen den verschiedensten Obstsorten, Blumengebinden oder Papieropfern. Ein Klick, gegen Bezahlung versteht sich, und schon freuen sich Opa oder Oma. Auch Fotos und Grußbotschaften kann man ihnen auf diese Weise zukommen lassen.

Manchmal übertreiben es die Hinterbliebenen allerdings auch mit ihrer Flexibilität bei der Unterhaltung von Ahnen und Trauergästen. So sahen sich die Behörden vor ein paar Jahren gezwungen, gegen einen neuen »Brauch« vorzugehen, der in einigen ländlichen Gegenden populär geworden war: Man engagierte Stripteasetänzerinnen für Trauerfeiern.

Gut zu wissen

1976 geriet das Qingming-Fest zu einem politischen Statement. Premierminister Zhou Enlai, der großes Ansehen in der Bevölkerung genoss, war am 8. Januar gestorben. Die demonstrative Trauer der Bevölkerung wurde der Regierung unheimlich, da sie auch Kritik am aktuellen politischen Kurs beinhaltete. Obwohl die Behörden die »feudale Tradition« verboten hatten, wurde der Platz des Himmlischen Friedens zum Qingming-Fest von der Bevölkerung über und über mit weißen Blumen und Kränzen zur Erinnerung an Zhou Enlai geschmückt. Über zwei Millionen Menschen versammelten sich. In der Nacht wurde der ganze Blumenschmuck abtransportiert, dann räumten Miliz und Polizei den Platz.

SEIT WANN SIND »DIE CHINESEN« EIGENTLICH GELB?

Schimpft der Arzt mit einem Patienten: »Da behandle ich Sie seit zwei Wochen gegen Gelbsucht. Und heute sagen Sie mir erst, dass Sie Chinese sind!«

Blöder Witz? Auf jeden Fall! Es gibt noch mehr blöde Witze und Karikaturen, die auf die gelbe Hautfarbe von Chinesinnen und Chinesen abzielen. Dabei sind Menschen in China – vorausgesetzt sie haben keine ernsthafte Lebererkrankung – genauso wenig gelb, wie Kühe lila sind. Lange galten sie sogar als ausgesprochen weiß. Als Kaiser Maximilian I. zu Beginn des 16. Jahrhunderts einen Hofbeamten nach Lissabon schickte, um sich asiatische Seeleute anzusehen, soll dieser nach der Rückkehr berichtet haben, die Chinesen hätten eine Haut »so weiß wie Porzellan«. Das stimmte mit den Erzählungen anderer Reisender und Missionare überein.

Dieses Bild änderte sich erst Mitte des 18. Jahrhunderts. Der schwedische Naturforscher Carl von Linné hatte gerade die Pflanzenwelt systematisiert und machte sich nun daran, auch die Menschheit in Kategorien einzuteilen. Er ordnete den Kontinenten die vier Farben Weiß, Rot, Schwarz und Gelb zu, da er – wie viele Zeitgenossen – ein Anhänger der antiken Vier-Elemente-Lehre war. Nach dieser Lehre ist alles Existierende durch Mischungsverhältnisse der vier »Essenzen« Wasser, Feuer, Erde und Luft bestimmt. Diese Elemente sind jeweils mit bestimmten Himmelsrichtungen, Jahreszeiten, Organen, Eigenschaften und eben auch Farben verbunden und bieten so ein umfassendes Welterklärungssystem, das auch im medizinischen Bereich eine Rolle spielte. Chinesen wurden angeblich auch deshalb gelb, weil Linné gehört hatte, dass sie gute Kaufleute seien, eine Eigenschaft, für die die Galle zuständig war, die wiederum der Farbe Gelb zugeordnet war.

Doch was auch immer Linné sich dabei gedacht haben mag, es wurde bald wörtlich genommen. Schließlich waren die Menschen in Afrika ja auch »schwarz«, also mussten sie in Amerika wohl wirklich »Rothäute« sein und in China eben gelb. Die Menschen dort ahnten lange nicht, dass man sie irgendwo auf der Welt in eine gelbe Schublade gesteckt hatte. Und als sie es schließlich erfuhren, hat es sie vielleicht nicht einmal sonderlich gestört. Denn in China hatte man schon früh ein vergleichbares Welterklärungskonzept entwickelt, das auf den Elementen Erde, Wasser, Feuer, Luft und Metall beruhte. Gelb stand hier für die Erde und die Mitte, für Ausgeglichenheit und die Freiheit von weltlichen Sorgen. Es war eine positive Farbe, die Mönchen und dem Kaiser vorbehalten war. Eine gelbe Rasse zu sein war also eher ein Beweis für die Höherwertigkeit der eigenen Kultur, jedenfalls keine Beleidigung.

Und vielleicht war es am Anfang auch nicht so gemeint. Im 19. Jahrhundert jedoch, als zunehmender Kolonialismus und Imperialismus den Rassismus als Rechtfertigung brauchten, wurde die weiße Rasse immer mehr zum Ideal und die Farbigkeit zur Minderwertigkeit. »Die Menschheit ist in ihrer größten Vollkommenheit in der Rasse der Weißen«, befand selbst der große Aufklärer Immanuel Kant. Je rassistischer die Gesellschaft wurde, desto gelber wurden »die Chinesen«. Von dort war es dann nicht mehr weit bis zur Rede von der drohenden »Gelben Gefahr«, die um 1900 aufkam.

Interessant ist, dass viele Menschen in China dieses Klischee übernommen haben und mittlerweile selbst von ihrer gelb-braunen Hautfarbe überzeugt sind, auch gegen allen Augenschein. Chinesinnen und Chinesen, die lange im Ausland gelebt haben oder sich von westlichen Ideen und einem westlichen Lebensstil angezogen fühlen, werden deshalb gerne als Bananen bezeichnet, außen gelb, innen weiß. Das Ideal ist jedoch das Gegen-

teil: innen gelb (also der chinesischen Kultur verbunden), außen aber so weiß wie möglich. Und dafür sind
besonders Chinesinnen zu allerhand Opfern bereit (siehe Kapitel 15, S. 71).

CHINESINNEN WÜNSCHEN SICH HOHE NASEN UND EINE HAUT WIE TOFU

Die Schönheitsideale eines Landes kann man nicht zuletzt daran erkennen, welche Schönheitsoperationen besonders gefragt sind. Die Branche boomt in China, in absoluten Zahlen belegt das Land mittlerweile den dritten Platz nach den USA und Brasilien. Doch während man in den USA vor allem Fett absaugt und Brüste vergrößert, sind in China Nasen-OPs und Augenlidkorrekturen die Favoriten. Große, runde Augen mit »doppelter Lidfalte« und eine schmale, »hohe« (also nicht platt gedrückte) Nase sind begehrte Schönheitsattribute, die nur wenige Chinesinnen (und Chinesen) von Natur aus ihr Eigen nennen. Inzwischen sind es

nicht mehr nur Schauspielerinnen und andere Medienpromis, auch Studierende und Uni-Absolventinnen (und -Absolventen) erhoffen sich von einer markanteren Nase mehr Erfolg im Beruf und in der Liebe. Gemessen an der Gesamtbevölkerung ist der Anteil derer, die sich unters Messer legen, allerdings immer noch verhältnismäßig gering. Auch weil ein solcher Eingriff als Affront gegen die Eltern gilt, denen man den eigenen Körper schließlich zu verdanken hat. Mit Schminke und Wimperntusche bzw. falschen Wimpern lässt sich ja auch schon einiges erreichen. Und bei der Lidfalte helfen Eyelid Tapes, kleine selbstklebende Plastikstreifen, die man sich auf das Augenlid klebt. Frauen sollten in China außerdem langes, fließendes Haar, »wie schwarze Seide«, ein kleines Gesichtchen (so groß wie eine Handfläche) mit einem spitzen Kinn und volle, aber nicht breite Lippen haben. Und sie sollten schmal und zierlich sein, ohne ausgeprägte weibliche Rundungen. Im Netz kursieren absurde Schlankheitswettbewerbe mit Beweisfotos, wie die A4-Taille (eine Taille, die nicht breiter ist als die Schmalseite eines DIN-A4-Blattes). Befeuert wird der Trend zum Kindchenschema auch durch den *wanghong*-Hype. *Wanghong* sind Internetpromis, die nicht zuletzt mithilfe von Fotobearbeitungs-Apps scheinbar das unerreichbare Ideal verkörpern und damit zum Vorbild für Millionen werden.

Nasen- und Augenideal sprechen für eine Orientierung am Westen, doch bei der Hautfarbe scheiden sich die Geister. Während man in Deutschland für eine »gesunde« Bräune immer noch alle dermatologischen Warnungen in den Wind schlägt und sich notfalls auf die Sonnenbank legt oder zum Selbstbräuner greift, betreiben in China vor allem Frauen einen erheblichen Aufwand, um eine möglichst helle Hautfarbe zu behalten, eine »Haut wie Tofu« (Seidentofu versteht sich). *Baifumei* ist das weibliche Ideal, »weiß, reich und schön«. Beim ersten Sonnenstrahl halten sich Frauen deshalb Papiere, oder was sonst gerade zur Hand ist, vor das Gesicht. Die besser Vorbereiteten spannen Sonnenschirme auf, die mit einer speziellen Beschichtung gegen die gefürchteten UV-Strahlen versehen sind. Viele tragen auch bei 30 Grad im Schatten Nylonstrümpfe und langärmelige Blusen, einige sogar schlauchartige Stulpen, die den Arm vom Handgelenk bis zur Achsel umspannen. Auch für die mobile Frau, die per Fahrrad oder Elektroroller unterwegs ist, gibt es das passende Zubehör: Handschuhe, Umhänge mit Schlaufen für die Daumen, die verhindern, dass Sonnenstrahlen an Arme oder Dekolleté gelangen, und helmartige Schirmmützen. Der Extremfall ist eine Art Gesichtsbikini: ein Mundschutz, der mit Schlaufen an den Ohren befestigt wird und unten, um ein Stück Stoff verlängert, Hals und Oberkörperansatz bedeckt. Fast schon eine Vollverschleierung, nur eben nicht aus religiösen, sondern aus kosmetischen Gründen.

Weiße Haut als Schönheitsideal hat in China eine lange Tradition. Dahinter steht nicht zuletzt der Wunsch nach sozialer Abgrenzung, schließlich ist an der hellen Hautfarbe erkennbar, dass man nicht zu den Menschen gehört, die sonnenverbrannt sind, weil sie draußen arbeiten müssen. Hautärzte werden sich vermutlich darüber freuen. Menschen in China haben selten einen Sonnenbrand und eine deutlich geringere Hautkrebsrate als in Europa. Weniger begeistert dürften sie von Whitening-Cremes sein, die einen großen Teil des Umsatzes der chinesischen Kosmetikindustrie ausmachen. Manche von ihnen enthalten giftige Stoffe oder unterdrücken die Melaninbildung in der Haut und setzen sie damit den schädlichen Strahlen erst recht schutzlos aus.

Es ist übrigens noch gar nicht so lange her, dass auch bei uns die Oberschicht stolz auf ihre »vornehme Blässe« war und Frauen mit Handschuhen und Sonnenschirmen spazieren gingen. Das änderte sich erst, als in den 1920er Jahren die Bräune zum Symbol für einen sportlich-aktiven Lebensstil wurde, der gerade en vogue war. Und ein Statussymbol, das zeigte, dass man es sich leisten konnte, in die Sommerfrische zu fahren. Schönheitsvorstellungen unterliegen also dem Wandel, und so ist nicht auszuschließen, dass bei uns vielleicht in 20 oder 30 Jahren aus China importierte Gesichtsbikinis der letzte Schrei sind, um sich von all den sonnenverbrannten Mallorca-Pauschalurlaubern abzusetzen. Während in China womöglich der Räuchertofu zum Idealbild chinesischer Haut wird.

DIE REVOLUTION MACHT IN CHINA AUCH VOR KLOS NICHT HALT

Stellen Sie sich vor, Sie sitzen oder vielmehr hocken auf einer öffentlichen Toilette Ihres Viertels und halten, während Sie Ihr Geschäft erledigen, einen kleinen Plausch mit ein paar Nachbarn oder Nachbarinnen, ohne dass störende Zwischenwände den Blickkontakt behindern. Keine angenehme Vorstellung? In der chinesischen Provinz kann das durchaus zum Alltag gehören, und es ist noch gar nicht so lange her, dass solche informellen Treffen selbst mitten in Beijing in manchen Vierteln an der Tagesordnung waren. Bis in die 1950er Jahre hinein verfügten nicht einmal die Häuser der Hauptstadt über sanitäre Einrichtungen. Als Toiletten dienten Vertiefun-

gen in der Erde oder Kübel. Jeden Tag kamen Fäkalien-
sammler mit Karren vorbei, die die Gruben und Eimer
für einen geringen Lohn ausschöpften und den Inhalt
als Dünger an die Bauern in der Umgebung verkauften.
Perfektes Recycling. In der Volksrepublik wurden dann
überall einfache öffentliche Latrinen eingerichtet, wobei
Privatsphäre und Sauberkeit nicht die höchste Priori-
tät hatten. Wer in der Nähe einer solchen Einrichtung
wohnte, hatte den Vorteil eines kurzen Weges, musste
dafür aber mit dem Gestank leben.

Mittlerweile wurden wie fast überall in China auch
in Beijing große Teile der alten Bausubstanz abgerissen
und durch Neubauten ersetzt (siehe Kapitel 52, S. 234).
Die noch existierenden Altstadtviertel sind aber teilweise immer noch nicht an ein öffentliches Abwassersystem
angeschlossen, sodass die dort Wohnenden weiterhin
auf die öffentlichen Klos angewiesen sind. Chinesische
Toiletten hatten unter ausländischen Touristengruppen
einen extrem schlechten Ruf, und manche nahmen lieber
längere Umwege in Kauf, um sich in einem internationalen Hotel zu erleichtern. Das Tourismusministerium
stellte schließlich einen landesweiten Toilettenbeauftrag-
ten ein, der das Übel an der Wurzel packen und die chinesischen Bedürfnisanstalten von Grund auf reformie-
ren sollte. 2015 wurde dann gar eine Toilettenrevolution
ausgerufen, die zur Folge hatte, dass nach Angaben der
Regierung in den folgenden zwei Jahren 100.000 Klos
neu gebaut oder renoviert wurden.

Tatsächlich sind die meisten öffentlichen Toiletten
in großen Städten und Tourismusgebieten mittlerweile

in einem akzeptablen Zustand. Sie sind einigermaßen sauber und haben abgetrennte Kabinen mit abschließbaren Türen, auch wenn die Schlösser nicht immer funktionieren. Trotzdem gibt es ein paar Dinge, die man wissen und beachten sollte: Während sich in Privatwohnungen und teureren Hotels oder Restaurants inzwischen Sitztoiletten durchgesetzt haben, sind öffentliche Klos in China in der Regel Hocktoiletten. Vom Hygienestandpunkt aus die bessere Lösung, zumal auch die Wasserspülung meist mit dem Fuß zu bedienen ist. Allerdings ist Hocken eine Haltung, die vielen Menschen aus dem Westen schwerfällt. Wenn man dabei nicht den ganzen Fuß aufsetzen kann, sondern auf dem Ballen balanciert, bleibt das Ganze eine kippelige Angelegenheit. Und niemand möchte an diesen Orten das Gleichgewicht verlieren und womöglich gezwungen sein, sich mit der Hand am Boden abzustützen – Modernisierung hin oder her. Seitliche Griffe, an denen man sich abstützen und hochziehen kann, gibt es nur sehr selten. Seife ist gelegentlich vorhanden, Klopapier jedoch so gut wie nie. Während der Vorbereitungen für die Olympischen Spiele 2008 stellte man probeweise in einigen öffentlichen Pekinger Toiletten Papier zur Verfügung, doch das Projekt scheiterte am mangelnden Gemeinsinn der Bevölkerung, die die unverhoffte Gabe privatisierte und rollenweise mit nach Hause nahm. Da weder Kampagnen zur »zivilisierten Toilettennutzung« noch Gesichtsscanner etwas dagegen ausrichten konnten, wurde der Versuch stillschweigend eingestellt, und es gilt wieder die alte Regel, nach der jeder sein Papier selbst mitzubringen hat.

Der Tourismusbehörde schweben übrigens noch ganz andere Dimensionen vor. So hat man ein Ranking eingeführt, das öffentliche Toiletten wie Hotels nach Sternen kategorisiert. Ziel ist ein flächendeckender Standard von mindestens drei Sternen. Fünf-Sterne-WCs sollen dann nicht nur mit Seife und Papier, sondern auch mit WLAN und Flachbildschirmen ausgestattet sein. Was im Moment noch wie Zukunftsmusik klingt, wird im privaten Bereich, zumindest in der Mittelschicht, schon umgesetzt. Dort geht der Trend inzwischen zum Hightech-Klosett, einer Idee aus Japan. Dieses Produkt der Bedürfnisindustrie ist mit einem Touchscreen ausgestattet und duscht bzw. föhnt nicht nur den Po in der gewünschten Stärke und Temperatur, sondern wärmt auch den Sitz auf Wunschtemperatur vor und saugt unangenehme Gerüche sofort ab.

In 70 Jahren vom Kübel zum Smart-WC – wenn das keine Revolution ist!

Praxistipp

Niemals, weder in öffentlichen noch in privaten Toiletten, sollte man in China Klopapier in die Schüssel werfen und herunterspülen. Darauf ist das Abwassersystem nicht eingestellt, und es besteht die Gefahr der Verstopfung. Neben jeder Toilette steht deshalb ein Behälter für das Papier, der in öffentlichen Klos eigentlich immer überquillt.

IN CHINA SPUCKT UND ROTZT MAN DER GESUNDHEIT ZULIEBE

Dieses Geräusch! Wer jemals in China gereist ist, wird es noch lange im Ohr haben. Wenn mit einer hörbaren Kraftanstrengung aus allen Schleimhäuten in Nase und Rachen alle nicht fest sitzenden Bestandteile zusammengezogen werden und dann – nach einer Sekunde der Sammlung – geräuschvoll mit einem Flatsch auf dem Boden landen. Ja, Chinesen, vorzugsweise, aber nicht ausschließlich Männer, spucken. Und alle Kampagnen der Regierung, alle Plakate und sogar Strafandrohungen haben daran noch nicht grundsätzlich etwas ändern können. Es wird weiterhin gespuckt, was der Körper hergibt, auf der Straße, am Strand, aus dem

Busfenster, in der Bahnhofswartehalle, schlimmstenfalls auch im Restaurant. Angeblich soll es der Reinigung des Körpers von Fremdstoffen, also im weiteren Sinne der Gesundheit dienen. Das öffentliche Schnäuzen ohne Taschentuch gehört ebenfalls in diesen Bereich. Auch das ein Geräusch, das man lieber schnell vergessen würde. Dabei wird ein Nasenloch zugehalten und der Rotz aus dem anderen mit einem kräftigen Schnauben hinausbefördert. Mit Maske ist allerdings beides schwierig. Ob die Corona-Pandemie und die damit verbundenen strengen Hygieneregeln einen dauerhaften Einfluss auf solche Reinigungsmechanismen haben werden, sie womöglich sogar deutlich eindämmen, wird sich zeigen. Gebildeten Chinesinnen und Chinesen ist dieses Verhalten ihrer Landsleute oftmals peinlich, und sie werden nicht müde zu betonen, dass es sich keineswegs um eine Landessitte handle, sondern um das Fehlverhalten ungebildeter, einfacher Leute wie Bauern oder Wanderarbeiter, die es eben nicht besser wüssten. Dagegen spricht, dass sich diese Bevölkerungsgruppen relativ selten auf Urlaubsreisen in der Schweiz aufhalten. Doch gerade in Luzern, so war in den letzten Jahren in der Presse zu lesen, regen sich die Einheimischen zunehmend über spuckende chinesische Reisende auf und empfinden deren Verhalten wahlweise als »unappetitlich«, »eklig« oder gar »respektlos«. Die dortige Tourismusorganisation versucht nun gegenzusteuern, indem sie die Gäste aus dem fernen China über ihre Reiseleitung für das Thema sensibilisiert und auf die kulturellen Werte der Schweiz und Europas hinweist. Doch selbst wenn es Klassenunterschiede im Spuckverhalten geben sollte, so gilt das nur für die Öffentlichkeit. Im Badezimmer werden diese Reinigungsrituale über Klassengrenzen hinweg praktiziert. Wer jemals das zweifelhafte Vergnügen hatte, in einem chinesischen Hotel neben dem Gemeinschaftsbad zu wohnen oder auf einer langen Zugfahrt morgens den gemeinsamen Waschraum zu betreten, kann ein Lied davon singen.

Merkwürdigerweise wird übrigens das Schnäuzen in ein Taschentuch in China im Allgemeinen sehr diskret gehandhabt. Entweder vermeidet man es, indem man die Nase hochzieht, oder man verlässt den Raum, um diese peinliche Angelegenheit draußen ohne Zeugen zu erledigen. Wenn man länger in China gelebt hat, beginnt man sich zu wundern, wie ungeniert und offensiv, ja geradezu trompetenartig sich Deutsche in aller Öffentlichkeit in ihr Taschentuch schnäuzen, dann womöglich noch einen kurzen Blick auf das Ergebnis werfen und anschließend das verschleimte Tuch – Gipfel der Unhygiene!– in der Hosentasche oder im Pulloverärmel verschwinden lassen.

Eklig sind eben immer nur die anderen.

WIE DER CHINESISCHE STAAT SEINE BÜRGERINNEN UND BÜRGER ZU BESSEREN MENSCHEN MACHEN WILL

18
Erziehungskampagnen

Irgendwie scheint die Regierung in China mit ihrem Volk nicht so richtig zufrieden zu sein. Warum gibt es sonst in jeder Stadt Komitees »zur Lenkung der geistigen Entwicklung der Zivilisation« und Plakate, die die Menschen auffordern, eine »zivilisierte Person« zu sein? Sie sollen nicht auf die Straße spucken, nicht drängeln, ordentlich Schlange stehen, keinen Müll auf den Boden werfen und öffentliche Toiletten »zivilisiert« benutzen (siehe Kapitel 3, S. S. 22, 16, S. 75, und 17, S. 79). Die Liste der unerwünschten Verhaltensweisen wird immer mal wieder aktualisiert und ergänzt, so ist in den letzten Jahren hinzugekommen, dass man kein Essen verschwenden und nicht mit seinen Haustieren die Nachbarn stören soll. Auf unzähligen Schildern und Plakaten wird anhand von Piktogrammen und Zeichnungen erläutert, wie man sich beispielsweise im Bus verhalten soll (nicht laut telefonieren, seinen Platz Bedürftigen überlassen etc.) oder beim Fahrradfahren. »Wenn man sich unterwegs an die Regeln hält, ist jeder Weg einfach zu gehen.« Auch am äußeren Erscheinungsbild gibt es einiges auszusetzen. In Schlappen und Schlafanzug mal kurz einkaufen gehen ist nicht erwünscht. Genauso wenig wie die Angewohnheit von Männern in Beijing, im heißen Sommer ihr Unterhemd auszuziehen oder zum »Beijing Bikini« unter die Achseln zu rollen und sich den nackten Bauch zu tätscheln, während sie auf der Straße Karten spielen. Doch das Volk, an Kampagnen gewöhnt, ist renitent. Selbst eine Aktion, bei der Studierende in Beijing durch die Gassen gingen und jedem halbnackten Mann ein T-Shirt schenkten, mit dem er seine Blöße bedecken sollte, zeigte keine nennenswerte Wirkung.

Um keinen schlechten Eindruck vor der Weltöffentlichkeit zu machen, wurde vor den Olympischen Spielen 2008 sicherheitshalber an den U-Bahn-Stationen mit uniformiertem Personal noch einmal ausgiebig das »zivilisierte« Ein- und Aussteigen geübt. Doch bei den Erziehungskampagnen geht es um mehr als darum, sich vor dem Ausland nicht zu blamieren. Die chinesische Gesellschaft driftet auseinander, ihr sind die gemeinsamen Ziele und Werte abhandengekommen, und deshalb beschwört die Regierung die große nationale Harmonie und eine verbindende sozialistische Moral. Dafür wurde sogar der alte Lei Feng aus der Mottenkiste geholt. Dieser Mustersoldat der Volksbefreiungsarmee starb zwar schon 1962 mit 21 Jahren, gilt aber immer noch oder wieder als moralisches Vorbild, seit Mao am 5. März 1963 dazu aufrief, vom Kameraden Lei Feng zu lernen. Er half alten Leuten über die Straße, gab Hungernden sein eigenes Essen und wusch heimlich die Wäsche seiner Kameraden, wobei merkwürdigerweise immer ein Fotograf zugegen war. Ein perfektes Beispiel für die zwölf sozialistischen Kernwerte, die überall auf Plakaten propagiert werden und eine Mischung aus allgemein menschlichen Tugenden, politischen Idealen und Propaganda sind. Es scheint fast, als würden sich die alten Erziehungstraditionen des Konfuzianismus und die Suche nach dem neuen Menschen im Kommunismus zu einer gemeinsamen Linie der moralischen Selbstoptimierung verbinden.

Gut zu wissen

Die zwölf sozialistischen Kernwerte sind: Wohlstand, Demokratie, Zivilisation, Harmonie, Freiheit, Gleichheit, Gerechtigkeit, Rechtsstaatlichkeit, Patriotismus, Engagement, Integrität und Güte. Sie beziehen sich zum Teil auf Aufgaben des Staates und der Gesellschaft, zum Teil auf die einzelnen Bürgerinnen und Bürger. Es ist anzunehmen, dass manche Begriffe etwas anders gebraucht werden als im Westen.

Doch die Technik des 21. Jahrhunderts hat dem chinesischen Staatsapparat nun ganz neue Möglichkeiten für seine Erziehungsmaßnahmen in die Hand gegeben. Überwachungskameras und Gesichtserkennung, Daten aus den allgegenwärtigen Smartphones und Informationen der Behörden ermöglichen eine umfassende Kontrolle der Bürgerinnen und Bürger, egal ob es um Zahlungsmoral, soziales Verhalten, Strafdelikte, Einkaufsgewohnheiten oder angeklickte Internetseiten geht. Mit diesem gigantischen Big-Data-Projekt ist die Regierung nicht mehr nur auf Appelle und Einsicht angewiesen, sondern kann problemlos die – im Sinne des Staates – guten oder schlechten Elemente des Volkes herausfiltern und entsprechend belohnen oder eben bestrafen, z. B. indem sie keinen Kredit mehr bekommen, keine Flugtickets oder ihre Kinder nicht auf eine gute Schule schicken können. Eine gruselige Vorstellung! Dann doch lieber Lei-Feng-Plakate!

EIN LEBEN OHNE GOOGLE UND CO.? CHINA MACHT'S MÖGLICH!

Wir befinden uns in den 20er Jahren des dritten Jahrtausends unserer Zeitrechnung. Die ganze Netzwelt ist von Google, Facebook, Instagram und Co. besetzt. Die ganze Netzwelt? Nein! ...

Nein, das geht nicht. Man kann die Internetzensur in diesem riesigen Land nicht mit dem Widerstand des gallischen Dorfes von Asterix und Obelix vergleichen. Es ist nervig, wenn man aus dem Ausland nach China reist und plötzlich nicht mehr auf seine gewohnten Kommunikationskanäle zugreifen kann. Keine WhatsApp an Freunde und Familie, kein Posten von sensationellen Fotos auf Instagram oder Facebook, womöglich kann man nicht einmal seine E-Mails aufrufen. Es ist auch nicht lustig, irgendwo verloren im chinesischen Straßengewühl zu stehen, nach einer Adresse zu suchen und erst dann festzustellen, dass Google Maps nicht funktioniert. Natürlich blockiert der chinesische Staat Google und Co. nicht, um ein Statement gegen Großkonzerne und Datenmissbrauch abzugeben, sondern um Einflüsse aus dem Ausland zurückzudrängen und zu kontrollieren, welche Nachrichten das Volk zu lesen bekommt. Wer zwischendurch checken will, was in der Welt so los ist, stellt spätestens dann fest, dass auch viele ausländische Nachrichtenmedien an der chinesischen Zensur, der *Great Firewall of China*, scheitern.

Nun brauchen aber Firmen und Geschäftsleute, die global tätig sind, international verfügbare Kommunikationsmöglichkeiten, dasselbe gilt für Wissenschaft und Universitäten. Deshalb gibt es VPN- Server. Diese virtuellen privaten Netzwerke befinden sich außerhalb Chinas, man kann dort über die entsprechende Software verschlüsselt Seiten anfragen, die in China nicht zugänglich sind, diese werden stellvertretend aufgerufen und die Daten verschlüsselt nach China zurückgesendet. Und schon hat man, gegen eine nicht allzu hohe monatliche Gebühr, wieder ein freies Netz. Ist das legal? Es ist zumindest nicht ganz illegal, sondern gehört zu einer der vielen Grauzonen, die es in diesem Land gibt. Zwar werden immer mal wieder Kampagnen gegen VPN-Server gestartet, andererseits kann man sich im Netz detailliert darüber informieren, welche im Augenblick funktionieren und was sie kosten.

Die Möglichkeit ist also da, sie wird jedoch erstaunlich wenig genutzt. Für eine Feldstudie der Universität Stanford (2018) befragte man 1.800 Studierende der renommierten Beijing Universität über 18 Monate hinweg nach ihren Internetgewohnheiten. Alle bekamen für diese Zeit einen kostenlosen VPN-Zugang zur Verfügung gestellt. 80 Prozent hatten, nach eigenen Angaben, vor der Studie noch nie versucht, die *Great Firewall* auszutricksen. Auch während der Befragung verwendete nur die Hälfte der Studierenden – und das auch erst nach mehrmaliger Erinnerung – die VPN-Dienste und nur 5 Prozent gingen auf die Webseiten ausländischer Nachrichtenmedien. Die Forscher schlossen daraus auf eine »fehlende Wertschätzung unzensierter Informationen«.

Auch in Deutschland dient das Internet den meisten Menschen nicht dazu, sich eine kritische Meinung zu bilden oder Hintergrundberichte zu lesen. Sie schreiben Nachrichten, schicken Fotos hin und her, sehen lustige Videos an oder kaufen online ein. Das ist in China nicht anders. Und dafür braucht man keine amerikanischen Firmen, sondern kann auf Produkte *made in China* zurückgreifen. Baidu gehört zu den fünf am meisten aufgerufenen Suchmaschinen weltweit, mit Baidu Maps kann man sich in jeder chinesischen Stadt zurechtfinden, Baidu Baike bietet seit 2006 einen Ersatz für Wikipedia, statt Facebook gibt es Weibo, süße Katzenvideos und vieles mehr kann man auch auf Youku oder Bilibili sehen, und vor allem gibt es Weixin, im Ausland besser unter dem Namen WeChat bekannt. 2006 ursprünglich als Chat-Dienst für Smartphones gegründet, hat es sich inzwischen zum Rundumversorger gemausert. Mit We-Chat kann man telefonieren, chatten, Fotos und Videos verschicken, Freundesgruppen bilden, mit fremden Personen ins Gespräch kommen, bezahlen, online shoppen, Geld verschicken, Hotels buchen, Kinokarten bestellen, ein Taxi rufen, ein Fahrrad mieten oder sich Essen nach Hause liefern lassen. Es ersetzt nicht nur WhatsApp und Facebook, sondern auch Tinder, Skype, PayPal, Uber, … Kein Wunder, dass es mittlerweile für Millionen von Chinesinnen und Chinesen zum Zentrum ihrer gesamten Internetaktivität geworden ist. 2020 zählte der Dienst 1,2 Milliarden aktive Nutzerinnen und Nutzer weltweit. Dass WeChat seine Daten an den chinesischen Staat weiterleitet, scheint den meisten egal zu sein.

Harte Fakten

Einige Daten zum Internet in China

- 1993: erster Internetanschluss in China
- 1994: erste chinesische Website
- 1998: Start des Zensurprojekts Goldener Schild bzw. *Great Firewall of China*
- 2002: erster chinesischer Blog
- 2009: Gründung von Weibo, zwischen 2009 und 2013 Forum für eine äußerst aktive, kritische Blogger-Community mit Millionen von Followern
- seit 2013: ständige Zunahme der Zensur, zunehmende Einschränkungen für kritische Blogger

Mittlerweile gibt es 1,032 Milliarden Internet-User (= 73 Prozent der Bevölkerung) (Dez. 2021), 99,7 Prozent der Internetaktivitäten laufen über mobile

Übrigens kann man in der Tatsache, dass es weiterhin über VPN-Server Zugang zu eigentlich verbotenen
Seiten gibt, eine besonders raffinierte Form der Zensur
sehen, die ein historisches Vorbild im alten China hat:
Dort gab es während der Regentschaft des mythischen
Urkaisers Yao einen Minister namens Gun, der das Land
vor den zerstörerischen Überschwemmungen bewahren
sollte. Er baute Dämme, die jedoch den Wassermassen
nicht standhielten, was katastrophale Folgen hatte. Zur
Strafe wurde er hingerichtet. Sein Sohn Yu, mit dersel-
ben Aufgabe betraut, hatte aus den Fehlern seines Vaters
gelernt. Statt Dämme zu bauen, verschaffte er den zahlreichen Flüssen Ableitungen und regulierte sie auf diese
Weise. Damit hatte Yu so großen Erfolg, dass der Kaiser
ihn zu seinem Nachfolger bestimmte. Regulieren statt
Blockieren heißt also die erfolgversprechende Devise.

DER HÄUFIGSTE RAUSCH IN CHINA IST DER KAUFRAUSCH

»Was, um Himmels willen, soll man bloß an einem Sonntag in Deutschland machen, wenn alle Geschäfte geschlossen sind?« So lautet ein häufiger Stoßseufzer von gelangweilten Chinesen und – häufiger noch – Chinesinnen, die es in unser Land verschlagen hat. Der verkaufsfreie Sonntag mindert in ihren Augen den Freizeitwert einer deutschen Stadt erheblich.

Shopping gehört neben Essen und Schlafen zu den Lieblingsbeschäftigungen in China, wobei sich Konsumbedürfnisse und Konsummöglichkeiten, zumindest der städtischen Mittelschicht, in den letzten Jahrzehnten extrem gewandelt haben. Fahrrad, Armbanduhr und

Nähmaschine, in den 1970er Jahren besonders begehrte Objekte, wurden zehn Jahre später durch Fernseher, Kühlschrank und Waschmaschine ersetzt. Und in den 1990ern durch Telefon, Computer und Klimaanlage. Heute gibt man viel Geld für die eigene Wohnung, ein Auto und die Ausbildung der Kinder aus.

Aber beim Shoppen als Freizeitvergnügen geht es ja nicht in erster Linie um die großen Wünsche, für die man lange sparen muss, sondern vor allem um die kleinen Alltagsdinge, die man meist gar nicht braucht, wie ein neues T-Shirt, Kuscheltiere, Elektronik, Modeschmuck oder Kosmetik. Es geht ums Anprobieren, um den Kick, um das Event. Werbeseiten in Hochglanzmagazinen, Plakate und endlose Werbeschleifen im Fernsehen lenken die Wünsche der Konsumierenden, gigantische Shoppingmalls bieten alles, was das Herz begehrt. In Bezug auf Konsumfreiheit kann China mit jedem kapitalistischen Land mithalten, beim Einkauf hat das Volk (sofern es Geld hat) eine Fülle an Wahlmöglichkeiten. Die Geschäfte haben am Wochenende geöffnet, und an den Feiertagen gibt es Extrarabatte, was zahllose Schnäppchenjäger anlockt. »Shopping is everything«, wie es beim jährlich stattfindenden Hong Kong Shopping Festival heißt. Zumindest in diesem Punkt sind sich die beiden Systeme einig.

Bezahlt wird mittlerweile vor allem elektronisch, die häufigsten Online-Bezahldienste sind Alipay des Internetgiganten Alibaba und WeChat Pay. Die Apps sind mit einer Kredit- oder Bankkarte verknüpft, für die Zahlung genügt es, einen Barcode oder QR-Code einzuscannen.

Selbst wer nur einen kleinen Marktstand hat, Rikscha fährt, Straßenmusik macht oder bettelt, hat inzwischen einen QR-Code. Es wird aber nicht nur digital bezahlt, in den sozialen Medien tauscht man sich auch über Produkte aus, wägt Kaufentscheidungen ab und zeigt den Freundinnen die erstandenen Schnäppchen. Erst dadurch wird der Einkauf zum Event.

Und natürlich ist auch oder gerade im internetaffinen China der Online-Handel mittlerweile ein Riesengeschäft. Seit 2009 veranstaltet Alibaba jedes Jahr am 11. 11., dem sogenannten Singles' Day, das mittlerweile größte Online-Shopping-Event der Welt mit einer Vielzahl von Rabattaktionen und Sonderpreisen. Manche kaufen an diesem Tag Waschmittel, Toilettenpapier und Snacks für das ganze Jahr ein, aber auch Kleidung oder ausländische Markenprodukte sind begehrt. Schon vor dem eigentlichen Ereignis stimmen diverse Aktivitäten, Gewinnspiele und Sammelaktionen darauf ein, um den Kaufprozess zu »emotionalisieren«, wie es so schön heißt. Am Abend vorher gibt es eine Riesengala mit internationalen Stars, die im Fernsehen übertragen wird, um Mitternacht wird der Countdown heruntergezählt. Und dann geht es los. 2019 dauerte es nicht einmal zwei Minuten, bis die erste Milliarde Dollar Umsatz gemacht war, am Ende des Tages waren es 38,4 Milliarden. Teilweise gingen 554.000 Bestellungen pro Sekunde ein. Wegen des großen Erfolgs wurde die Rabattschlacht 2020 auf elf Tage verlängert, der Umsatz verdoppelte sich daraufhin nahezu. Auch 2021, trotz weniger Werbewirbel und der Betonung von Nachhaltigkeit, konnte der Umsatz erneut um 8,45 Prozent (auf 73 Milliarden Euro) gesteigert werden – im Vergleich zu den Zuwächsen vorher fast schon ein mageres Ergebnis.

Ganz allmählich wird der Singles' Day auch in Deutschland populär, wenngleich das Event mit der Kaufschlacht in China (noch) nicht zu vergleichen ist. Aber immerhin lassen sich auch hier dank Online-Shopping verkaufsfreie Sonntage mittlerweile ohne größere seelische Krise bewältigen.

IN CHINA IST NICHTS SO SICHER WIE DIE UNSICHERHEIT

21

Ängste

»Man kann jederzeit den Job verlieren. Wenn man krank wird, dann reicht die Krankenversicherung vielleicht nicht für die Behandlung, man hat ständig ein Gefühl von Unsicherheit«, sagt ein chinesischer Freund, 38 Jahre alt. Dieses Gefühl begleitet viele Menschen in China, teilweise schon über mehrere Generationen (siehe Kapitel 42, S. 187). Die gesellschaftlichen Umwälzungen der letzten Jahrzehnte haben Gewissheiten erschüttert. Auch in China gibt es so etwas wie Ostalgie. Auch dort glauben manche, dass früher alles besser war, zumindest war das Leben sicherer und die Menschen gleicher.

Und vielleicht war auch das Essen gesünder. Denn nicht einmal auf die Nahrungsmittelsicherheit ist noch Verlass. Immer wieder wird China von Lebensmittelskandalen erschüttert, Wassermelonen, die wegen Wachstumsbeschleunigern explodieren, Speiseöl aus Abwasserkanälen, Gammelfleisch, das noch zu Mao-Zeiten verpackt wurde. 2008 erkrankten knapp 300.000 Babys durch Milch, die mit Melamin versetzt war, sechs starben. Das Vertrauen in die zuständigen Behörden, die den Skandal zunächst vertuscht hatten, sank, die Regierung wurde heftig angegriffen. Die Angst vor vergifteten Lebensmitteln erreichte einen Spitzenplatz auf der Skala der nationalen Ängste. Wer es sich leisten konnte, stieg auf ausländische Produkte oder Bio-Lebensmittel um. Statt Schweizer Uhren brachten chinesische Touristengruppen jetzt auch Babynahrung von ihrer Reise mit, und nicht wenige chinesische Studierende in Deutschland verdienten sich mit dem Export von deutschem Milchpulver etwas hinzu.

Das allgemeine Unsicherheitsgefühl zeigt sich auch in einer Art von Hygienefimmel. Gemüse oder Obst, das in Plastikschalen und Folie verpackt ist, verkauft sich besser. In manchen Restaurants wird das Geschirr desinfiziert und anschließend werden Teller, Schälchen und Teeschalen vor dem nächsten Gebrauch in Plastikfolie eingeschweißt. Gerade einfache Gaststätten wollen damit alle hygienischen Bedenken ihrer Gäste zerstreuen. Auch in vielen Wohnungen stehen Desinfektionsgeräte für Geschirr, sie gehören zu modernen Einbauküchen wie eine Mikrowelle. Werbespots haben auch schon vor der Pandemie vor den Folgen von mangelndem Händewaschen gewarnt und die große Mauer aus Seifenstücken nachgebaut.

Dass die Welt heute vielen gefährlicher erscheint als früher, liegt auch an den Medien. Sie sind zwar weiterhin dem Staat untergeordnet, doch im Zuge der Umstrukturierungen in der Reformära flossen die Staatsgelder spärlicher. Werbeeinnahmen, Einschaltquoten und Auflagenhöhe wurden zu wichtigen Faktoren im Kampf ums Überleben (siehe Kapitel 25, S. 112). Da politische Themen heikel sind, musste man andere Möglichkeiten finden, das Publikum zu fesseln. Plötzlich gab es überall Artikel und Sendungen über Armut, Korruption, Überfälle und Verbrechen. Eine Gesellschaft, die vorher mehrheitlich Propagandasendungen gekannt hatte, musste das Gefühl bekommen, dass im ganzen Land Mord und Totschlag ausgebrochen waren. Besonders auf dem Land schien es plötzlich gefährlich zu sein, denn dort waren die Menschen arm, und wie leicht konnte man als vermeintlich reicher Stadtmensch einem Raubüberfall zum Opfer fallen. Man baute Gitter vor seine Fenster und sicherte die Wohnungstüren mit mehreren Schlössern. Die gefühlte Kriminalität begann die reale um einiges zu übersteigen.

Harte Fakten

In der Realität ist die Mordrate in China in den letzten Jahren stetig gesunken, zwischen 1995 und 2017 von 2,2 auf 0,6 Personen pro 100.000 Einwohner. (Vergleich: Deutschland (2019): 0,7; Schweiz (2017): 0,5; USA (2018): 5,0; Venezuela (2018): 81,4)

Vor diesem Hintergrund haben viele Menschen in China gar nichts gegen die vielen Überwachungskameras, die überall aufgestellt wurden. Viele finden sie sogar gut, suggerieren sie doch, dass die Bevölkerung unter dem Schutz des Staates steht und Verbrecher keine Chance haben. Dass die Regierung gerade dabei ist, mithilfe modernster Technik eine riesige Datensammlung zur Kontrolle der Bevölkerung aufzubauen (siehe Kapitel 18, S. 82), scheint die wenigsten zu schrecken. Würden sie sonst so sorglos ihren gesamten Geldverkehr und alle Kommunikation über ihre Smartphones abwickeln? Die Angst vor Datenmissbrauch scheint eher zu den deutschen Ängsten zu gehören.

DER LIEBE ZUM CHINESISCHEN VATERLAND MUSS MANCHMAL EIN BISSCHEN NACHGEHOLFEN WERDEN

*A*iguo, die Vaterlandsliebe, gehört zu den sozialistischen Kerntugenden, die überall im Land propagiert werden (siehe Kapitel 18, S. 82). »Liebe die Partei, liebe den Staat, liebe die berühmte Stadt«, wirbt das ostchinesische Qingdao für sich. Die Kinder im Kindergarten und in der Schule singen morgens die Nationalhymne und hissen die Staatsflagge. Ein Satz wie »Ich liebe nicht den Staat, ich liebe meine Frau«, den Bundespräsident Heinemann auf die Frage, ob er sein Land liebe, geäußert haben soll und der in einem chinesischen Deutschlehrbuch abgedruckt war, führte bei den Studierenden zu Kopfschütteln und Unverständnis.

Die meisten Menschen in China sind stolz auf ihr Land, stolz auf seine wirtschaftliche Entwicklung, seine aktuelle Stärke und seine neue Rolle in der Welt. Hinzu kommt die glorreiche Vergangenheit: die großen Erfindungen, die man lange vor den Europäern gemacht hat (Papier, Buchdruck, Schießpulver, Kompass, Porzellan), die alte Schrift, die Gedichte der Tang-Zeit ... China hat eine lange Geschichte, diesen Satz hört man immer wieder, egal ob er gerade passt oder nicht, und so verwundert es nicht, dass der erste Satz in der chinesischen Verfassung lautet: »China ist eines der Länder mit der längsten Geschichte in der Welt. Die Volksmassen aller Nationalitäten Chinas haben gemeinsam eine glanzvolle Kultur geschaffen und besitzen eine ruhmreiche revolutionäre Tradition.« Auf Kritik aus dem Ausland reagieren viele dünnhäutig, und Künstlerinnen und Künstler, die China nicht als revolutionäres Idyll darstellen und damit im Ausland Erfolg haben, müssen sich als Nestbeschmutzer beschimpfen lassen.

Der Stolz auf ihr Land hindert allerdings viele Bürgerinnen und Bürger nicht daran, selbst auch kräftig auf die Partei und die korrupten Kader zu schimpfen, ihre Kinder – wenn möglich – ins Ausland zu schicken und misstrauisch gegenüber politischen Versprechungen zu sein. Die Liebe zum Land geht eben nicht automatisch mit der Liebe zur Partei einher. Zu Beginn des Jahrtausends hatte die Regierung nach der Aufdeckung diverser Skandale und Verbrechen in den sozialen Medien (siehe Kapitel 21, S. 95) mit einem erheblichen Vertrauensverlust zu kämpfen. Seither hat sie sich propagandamäßig neu aufgestellt und die Freiheit im Netz erheblich beschnitten. Stattdessen beschwört sie nun den gemeinsamen »chinesischen Traum« und die »große Wiedergeburt der Chinesischen Nation«, Schlagworte, die seit der Wahl Xi Jinpins zum Staatspräsidenten (2013) gehäuft im öffentlichen Diskurs zu hören sind. »Vom Aufstieg und Niedergang des Landes muss sich jeder angesprochen fühlen«, heißt es auf einem Plakat. Und auch Xis Ausspruch »Wenn das Volk Glauben hat, hat die Nation Hoffnung, und das Land ist stark« ist überall zu lesen. Genau an diesem Glauben hat es aber eben in der letzten Zeit gemangelt. Frei nach dem altchinesischen Philosophen Laozi könnte man argwöhnen, dass irgendetwas nicht stimmt, wenn so massiv für die Vaterlandsliebe geworben werden muss. Tatsächlich stellte der Harvard-Wissenschaftler Alastair Iain Johnston 2017 nach der Auswertung mehrerer Langzeitstudien aus Beijing fest, dass die Menschen in China im Jahr 2015 weniger nationalistisch eingestellt waren als zu Beginn des Jahrtausends, jedenfalls in der Hauptstadt. Und wider Erwarten war Nationalismus bei den Mitte 20- bis Mitte 30-Jährigen weniger verbreitet als bei den Älteren. Inwieweit sich die massive Propaganda der letzten Jahre auf die jüngere Generation auswirkt, muss sich allerdings erst noch zeigen.

»KONFUZIUS HAT GESAGT ...« – WIE DER ALTE PHILOSOPH IN CHINA WIEDERBELEBT WIRD

»*Dass manches keimt, das nicht zum Blühen kommt, ach, das kommt vor!*« (Konfuzius: Gespräche, ebenso die folgenden Zitate) Als Konfuzius vor rund 2.500 Jahren starb, hatte er das frustrierende Gefühl zu wissen, wie man einen guten Staat aufbauen könnte, aber keinen Herrscher zu finden, der seine Ideen umsetzen wollte. Die waren theoretisch einfach: eine hierarchisch strukturierte Gesellschaft, in der alle Mitglieder ihre Rollen mit jeweils festgelegten Pflichten und Rechten einnehmen, lebenslanges Lernen und Rückbesinnung auf die klassischen Tugenden Menschlichkeit, Rechtschaffenheit, Aufrichtigkeit, Weisheit und Sittlichkeit. Jahrelang war er mit seinen Schülern vergeblich durch die Lande gezogen und hatte an den Höfen kein Gehör gefunden. Resigniert zog Konfuzius sich schließlich in seinen Heimatstaat zurück und widmete sich der Herausgabe klassischer Werke.

»Wenn gebraucht, zu wirken, wenn entlassen, sich zu verbergen.« Und doch wurde seine Philosophie (und was man daraus machte) ein paar Jahrhunderte später Staatsdoktrin und behielt diese Stellung über 2.000 Jahre lang relativ unangefochten bei. Seine Ideen sickerten mit der Zeit immer tiefer in die Bevölkerung und verbreiteten sich von China aus auch in den umliegenden Vasallenstaaten. Zu Beginn des 20. Jahrhunderts nahm die Erfolgsgeschichte allerdings ein jähes Ende. Die technisch überlegenen Westmächte hatten China in einen halbkolonialen Status gezwungen. Viele chinesische Intellektuelle sahen den Grund für die wirtschaftliche und technische Rückständigkeit ihres Landes im Konfuzianismus und wollten in Zukunft lieber vom Westen lernen. Während der Kulturrevolution (1966–1976) zerstörte man Tempel und Statuen des alten Meisters, galten er und seine Philosophie doch bis in die 1980er Jahre hinein als Überbleibsel des chinesischen Feudalismus und Hindernis für den Aufbau einer sozialistischen Gesellschaft. Doch seit einigen Jahren steht der alte Philosoph plötzlich wieder hoch im Kurs. Seine Biografie wird als Heldengeschichte verfilmt, populärwissenschaftliche Bücher erscheinen, neue Tempel werden gebaut, Schüler rezitieren die alten Texte, Universitäten richten Lehr-

stühle für konfuzianische Studien ein, und seit 2004 schießen überall auf der Welt Konfuzius-Institute aus dem Boden, um mit Soft Power das Ansehen Chinas zu fördern. Wie konnte der alte Meister so schnell vom Staatsfeind zum Aushängeschild werden?

»Der Edle ist ruhig und gelassen.« 2006 schrieb die Medienprofessorin und TV-Moderatorin Dan Yu das Buch *Konfuzius im Herzen*, eine Art Lebenshilferatgeber, der die Lehren des alten Philosophen auf die heutige Zeit überträgt. »Konfuzius leitet uns an, in der Welt von heute Glück und Freude zu finden, er bietet Orientierung im gesellschaftlichen wie im Privatleben.« In einer Zeit voller Konkurrenz und Leistungsdruck mache er klar, dass man auf die Stimme seines Herzens hören solle und dass Mitmenschlichkeit wichtiger sei als materieller Wohlstand. Offensichtlich war es das, was die chinesische Gesellschaft brauchte, das Buch wurde ein Megabestseller. Die Kulturrevolution hatte ein Wertevakuum hinterlassen, das durch Konsum nicht einfach gefüllt werden konnte. Man sehnte sich nach ethischen Richtlinien. Die konfuzianische Ethik hatte sich über lange Zeit bewährt und versprach damit Kontinuität und Stabilität. Und genau das macht sie auch für die chinesische Regierung interessant.

»Ohne das Vertrauen des Volkes hat keine Regierung Bestand.« Dieses Vertrauen hat in den letzten Jahrzehnten gelitten (siehe Kapitel 22, S. 99). Der Konfuzianismus soll einen neuen Konsens zwischen Regierung und

Volk herbeiführen. Immer wieder werden die »harmonische Gesellschaft« und der Traum von einem neuen großen China beschworen (siehe Kapitel 22, S. 99). Der gemeinsame Stolz auf den original-chinesischen Philosophen wäre da ein Anfang. Ein neues Museum auf dem Gelände des Konfuziustempels in Beijing widmet sich ganz der Bedeutung des Meisters in aller Welt. Voller Stolz wird Hannes Alfven zitiert, schwedischer Nobelpreisträger für Physik, der 1988 bei einem Treffen in Paris äußerte, dass man von Konfuzius lernen müsse, um den Herausforderungen des 21. Jahrhundert gewachsen zu sein. Nachdem also der Westen China einst mit militärischer Überlegenheit in die Knie gezwungen hat, zeigt sich nun langfristig die philosophische Überlegenheit des Ostens. So könnte man schlussfolgern.

»Das Wesen des Herrschers ist wie der Wind. Das Wesen der Geringen ist wie das Gras. Das Gras muss sich beugen, wenn der Wind darüber hinfährt.« Kritiker werfen der chinesischen Regierung allerdings vor, dass sie Konfuzius vor allem deshalb propagiert, um von den Untertanen Loyalität und Gehorsam einzufordern. »Für die Rückkehr der Seele einen Leichnam ausleihen«, heißt diese Strategie in der chinesischen Kriegskunst (siehe Kapitel 55, S. 248). Man erklärt sich zum Nachfolger einer alten Tradition (ungeachtet der Tatsache, dass man sie noch vor Kurzem bekämpft hat) und legitimiert damit das eigene Vorgehen. Doch im Falle von Konfuzius birgt diese Strategie auch Gefahren. Denn der Philosoph hatte den tugendhaften Herrscher vor Augen, der sein

Volk kraft seines Vorbildes führt. Wenn er dieser Rolle nicht gerecht wird, dann kann ihm, so führt der einflussreiche Konfuzius-Schüler Mengzi (Menzius) den Gedanken weiter, sein Mandat durch die Untertanen entzogen werden. *Geming* heißt dieser Wechsel, »Revolution«.

Und bei uns?

Bei uns wurde Konfuzius der gelehrten Welt im 17. Jahrhundert bekannt. Besonders die Aufklärer waren begeistert. Allerdings nutzten auch sie die Autorität des Philosophen für ihre Zwecke, nämlich für die Auseinandersetzung mit der Theologie. Konfuzius war der Beweis, dass moralisches Verhalten auch ohne Rückgriff auf einen Gott möglich war. Leibniz war von dieser »praktischen Philosophie« so angetan, dass er vorschlug, man sollte doch Missionare aus China kommen lassen, »um uns Anwendung und Praxis einer natürlichen Theologie« zu lehren. Später wurde Konfuzius unter deutschen Philosophen theoretisch nicht mehr ernst genommen. Hegel meinte gar, es wäre besser für seinen Ruf gewesen, wenn er gar nicht übersetzt worden wäre.

CHINA UND JAPAN SOLLTE MAN NICHT IN EINEN TOPF WERFEN

Viele Menschen in China sind überrascht und empört, wie oft ihr Land im Westen ausgerechnet mit Japan, das vielen immer noch als Erzfeind gilt, verwechselt wird. Trotz mehrerer Kriege, die beide Länder gegeneinander geführt haben, und obwohl sie sich in vielem unterscheiden – Sprache, Essen, Umgangsformen, Toilettenkultur, um nur einige Beispiele zu nennen.

Es gibt allerdings auch ein paar Gemeinsamkeiten. Japan gehörte schließlich wie andere asiatische Länder über viele Jahrhunderte zur kulturellen Einflusssphäre des chinesischen Reiches. So gelangten nicht nur der Buddhismus, der Konfuzianismus und die chinesischen

Klassiker nach Japan, sondern auch die Schrift, die mit der Zeit an die japanische Sprache angepasst und durch weitere Schriftsysteme ergänzt wurde.

Ab dem 19. Jahrhundert entwickelte sich das lange abgeschottete Japan auf westlichen Druck hin jedoch zu einer expandierenden Wirtschafts- und Militärmacht und begann, Eroberungsfeldzüge gegen andere Länder zu führen, auch gegen China. Der Zweite Weltkrieg begann in Asien schon zwei Jahre früher, als Japan 1937 Beijing angriff, weiter nach Shanghai marschierte und schließlich auch die damalige Hauptstadt Nanjing einnahm, wo die japanische Armee ein Blutbad unter der Bevölkerung anrichtete, das als Nanjing-Massaker in die Geschichte einging. Der Vormarsch konnte erst mithilfe von US-Truppen gestoppt werden und endete mit der bedingungslosen Kapitulation Japans am 2. September 1945.

Gut zu wissen

Die meisten Ausländer hatten Nanjing bereits vor dem Massaker verlassen, einige blieben jedoch, darunter der Deutsche John Rabe, Leiter der dortigen Siemens-Vertretung. Er wurde Vorsitzender eines internationalen Komitees, dem es durch die Einrichtung einer Schutzzone auf dem Siemens-Gelände gelang, bis zu 250.000 Chinesinnen und Chinesen Zuflucht vor den marodierenden japanischen Soldaten zu bieten. Das war nicht zuletzt deshalb möglich, weil das Deutsche Reich mit Japan verbündet war. Rabe wurde 1938 gegen seinen Willen nach

Deutschland zurückbeordert, von der Gestapo verhört und zu Stillschweigen über die Vorgänge verpflichtet. Seine Tagebücher aus dieser Zeit wurden erst 1996 veröffentlicht (Erich Wickert: *John Rabe. Der gute Deutsche von Nanking*), 2009 kam der Film *John Rabe* von Florian Gallenberg mit Ulrich Tukur in der Hauptrolle in die deutschen Kinos. In China ist die Geschichte des »Schindler des Ostens« sehr viel bekannter als bei uns, Rabe wird dort sehr verehrt.

Die Tatsache, dass sich Japan bis heute nicht offiziell für die Kriegsverbrechen entschuldigt hat, dass diese Verbrechen in Schulbüchern verharmlost werden und dass japanische Staatsoberhäupter zum Yasukuni-Schrein pilgern, in dem auch Kriegsverbrecher gewürdigt werden, sorgt immer wieder für antijapanische Stimmung in China. Gefördert wird sie durch zahlreiche Kriegsfilme im Fernsehen, die den heldenhaften Kampf der Roten Armee gegen den Feind in Szene setzen, vergleichbar den amerikanischen Anti-Nazi-Kriegsfilmen. Diese Stimmung kann jederzeit mobilisiert und als politisches Druckmittel instrumentalisiert werden. Dann kommt es zu Demonstrationen, es wird zum Boykott japanischer Waren aufgerufen, und gelegentlich gehen auch die Schaufenster japanischer Restaurants zu Bruch. 2012, im Konflikt um die von beiden Ländern beanspruchten Diaoyu- bzw. Senkaku-Inseln im Ostchinesischen Meer, mussten sogar mehrere japanische Firmen, darunter Canon, Honda und Panasonic, während der Proteste aus Sicherheitsgründen für einige Tage ihre Niederlassungen in China schließen.

Dieses Säbelrasseln verdeckt, dass China und Japan trotz aller Krisen längst einen Friedensvertrag geschlossen haben und wichtige Handelspartner geworden sind. Japan hat mit Entwicklungshilfe und großzügigen Krediten zum Aufbau der chinesischen Wirtschaft beigetragen, japanische Filme, Serien, Popmusik und Comics hatten und haben einen prägenden Einfluss auf die chinesische Popkultur, wie man schon an den entsetzlich niedlichen Plüschtieren sehen kann, die vorzugsweise junge Frauen gerne als Accessoires mit sich herumtragen. Pornofilme aus Japan beeinflussten verbotenerweise das Sexualleben der Volksrepublik. Und auch die japanische Hightech-Toilette ist im Kommen (siehe Kapitel 16, S. 75). Doch einer der wichtigsten Exportschlager ist sicherlich das allgegenwärtige Karaoke. Anfang der 1970er Jahre in Japan entwickelt, ist KalaOK in China längst Freizeitvergnügen Nr. 1 geworden, vom Essen (Schlafen und Shoppen) vielleicht einmal abgesehen. Mit großer Begeisterung säuselt oder schmettert man im Freundes- oder Kollegenkreis Liebessongs, Schlager und alte Revolutionslieder zum Playback ins Mikrofon. Auch für den Abschluss von Geschäftsverhandlungen wird gerne ein Raum in einem der zahlreichen KTV-Paläste gemietet, Essen und Getränke inklusive. Und manchmal auch Frauen, denn einige dieser Bars dienen der versteckten Prostitution.

Früher Konfuzius, heute Karaoke, der chinesisch-japanische Kulturaustausch lebt – allen Feindseligkeiten zum Trotz!

Die chinesisch-japanischen Beziehungen

- 1894–95: Erster Chinesisch-Japanischer Krieg
- 1931: Besetzung der Mandschurei durch Japan und Errichtung eines Marionettenstaates
- 1937–1945: Zweiter Chinesisch-Japanischer Krieg/ Zweiter Weltkrieg
- 1972: offizielle Aufnahme diplomatischer Beziehungen
- 1978: Friedensvertrag

IM CHINESISCHEN FERNSEHEN KÄMPFEN DIE KOMMUNISTEN WEITER – UNTERBROCHEN VON WERBEPAUSEN

25

Fernsehen

Auch für das staatliche Fernsehen passt die Formel, die für Hongkong und Macao geprägt wurde: ein Land – zwei Systeme. Alle Fernsehsender werden staatlich kontrolliert. Besonders für die Nachrichtensender ist es eine ständige Gratwanderung, was sie zeigen können und was nicht. Gleichzeitig wurden in den 1990er Jahren die Subventionen erheblich gekürzt, sodass die Sender sich marktorientierte Formate überlegen mussten, um an Geld zu kommen (siehe Kapitel 21, S. 95). Eine wichtige Einnahmequelle wurde die Werbung, denn Fernsehen ist trotz Internet weiterhin eines der wichtigsten Medien in der Volksrepublik. Nicht einmal auf heiligen Bergen oder in Wellnesstempeln (siehe Kapitel 43, S. 192, und 50, S. 224) ist man vor Bildschirmen sicher. Und selbst im Hinterland, in abgelegenen Dörfern ohne Strom, gibt es oft einen Generator, der einen Fernseher für das Dorf betreibt. Allerdings wirken in so einer Umgebung viele Werbeclips wie von einem anderen Stern.

Harte Fakten

Die Geburtsstunde des staatlichen chinesischen Fernsehens war am 2. 9. 1958, seit dem 1. Mai 1978 heißt der größte Fernsehsender der Volksrepublik CCTV (China Central Television). Er untersteht dem Ministerium für Radio, Fernsehen und Film. Zu ihm gehören 16 Programme mit unterschiedlichen Schwerpunkten (z. B. Wirtschaft, Nachrichten, Wissenschaft, Serien, Sport). Außerdem gibt es Programme in Englisch, Französisch, Spanisch, Arabisch und Russisch. Seit 2012 sendet CCTV America aus Washington, D.C. Daneben gibt es zahlreiche lokale und regionale Fernsehsender, teilweise auch in Sprachen der nationalen Minderheiten.

Zappen wir uns doch einmal zur Prime Time durch ein durchschnittliches, abendliches Fernsehprogramm in China:

- Kanonendonner. Ein sympathischer junger Kommunist duckt sich in seinem Versteck, Geröll und Sand fliegen ihm um die Ohren. Die japanischen Aggressoren sind nicht mehr weit ...
- Werbung (Auto)

- Werbung (Milch, angereichert mit allerlei Zusätzen, die Kinder intelligent machen)
- Zwei schöne, junge Menschen, ein Mann und eine Frau, sitzen in einem Auto. Offensichtlich haben sie Streit. Sie kämpft mit den Tränen, er schaut beklommen aus dem Fenster. Sie hält es nicht mehr aus, steigt aus, schlägt die Tür zu und läuft weg. Sein Handy klingelt ...
- Werbung (Seife)
- Schon wieder ein alter kommunistischer Film. Der Held sieht fast genauso aus wie im ersten. Er ist auf dem Land und versucht den störrischen Dorfältesten von einer neuen, besseren Produktionsmethode zu überzeugen. Dann ist da noch eine junge Frau mit Zöpfen, die ihn bewundernd anblickt ...
- Gut gelaunte junge Menschen auf der Bühne und im Publikum. Eine Spielshow. Im Publikum haben sie bunte Plastikhände, die sie gegeneinander schlagen ...
- Werbung (Shampoo)
- Zeichentrickfilm auf dem Kinderkanal
- Rhythmisches Getöse, bunte Gewänder, maskenhaft geschminkte Gesichter, ein stilisierter Schwertkampf. Der Pekingoper-Kanal!
- Werbung (Medikament gegen Magenschmerzen)
- Zwei Polizisten gehen einen Gefängnisflur entlang ...
- Zwei Männer in langen Fantasiegewändern kämpfen mit Schwertern gegeneinander, während sie durch die Bäume fliegen ...
- Werbung (Pizza)

- *Discover China.* Geschichte und Kultur des Teean-baus in Zhejiang. Auf Englisch!
- Nachrichten. Ein Sprengstoffanschlag, irgendwo auf der Welt, Tote, ein zerstörtes Auto, weinende Menschen ...
- Zum ersten Mal westliche Gesichter! Eine italienische Komödie auf dem Filmkanal. Die temperamentvolle, gestenreiche Sprechweise bildet einen reizvollen Gegensatz zur chinesischen Synchronisation.
- Werbung (Fertigsuppen)
- Eine hübsche, junge Frau in bunter Tracht. Sie singt. Hinter ihr Berge, Wolken, Blumen und Regenbogen. Daneben ein Armeechor.
- Hübsche Frauen in schönen Kleidern. An einem Kaiserhof in einer fernen Dynastie. Doch offensichtlich verbergen sich hier heftige Intrigen und Kämpfe ...
- Werbung (Kühlschrank)
- Ein Bauer führt den Reporter durch ein Feld und zeigt, was er anbaut und wie er lebt ...
- Eine schluchzende Frau, das Gesicht verpixelt, erzählt von ihren Eheproblemen ...
- Werb.....

AUCH DEUTSCHLAND HAT EINEN BEITRAG ZUR CHINESISCHEN FERNSEHKULTUR GELEISTET

26

Kulturimport

Maßanzug, Krawatte, immer ordentlich und korrekt, so kennt man Horst Tappert als Oberinspektor Derrick in der gleichnamigen deutschen Krimiserie. Wer hätte gedacht, dass dieser biedere Kommissar 1988 zum ersten deutschen Serienstar in China werden würde? Der Mann, der *De Like* dorthin brachte, heißt Uwe Kräuter. Als 28-jähriger Student mit maoistischen Idealen war er 1974 nach China gegangen. Dort erlebte er das Ende der Kulturrevolution und die gewaltigen gesellschaftlichen Veränderungen danach, verliebte sich in eine bekannte chinesische Schauspielerin, heiratete sie, blieb und wurde zum Kulturvermittler zwischen den Ländern. Auf dem Rückflug von seinem ersten Deutschlandbesuch 1986 hatte er drei Videokassetten Derrick als Anschauungsmaterial im Gepäck und fragte sich: »Würden die Filme bei den Chinesen ankommen?« Es gab damals schon Serien aus Japan und den USA, auch Soaps aus Indien und Pakistan, aber westeuropäisches Fernsehen war noch so gut wie unbekannt. Derrick wurde ein Straßenfeger. Zwischen 1988 und 2003 wurden rund 100 Folgen ausgestrahlt, die in  den besten Zeiten ein Publikum von 400 Millionen erreichten. Eine Kriminalserie, die das Seelenleben eines Verbrechers beleuchtet, und ein Kommissar, der mit Verdächtigen höflich und korrekt umgeht, waren etwas völlig Neues und sollen sogar als Anschauungsmaterial für die Polizeiausbildung eingesetzt worden sein. Uwe Kräuter ist überzeugt, dass die Serie dazu beigetragen hat, Blutvergießen zu vermeiden. Als im Juni 1989 auch in Shanghai die Studentenunruhen eskalierten, versuchte der damalige Parteichef der Stadt und spätere Staatspräsident Jiang Zemin erfolgreich ein gewaltsames Eingreifen der Polizei wie auf dem Tian'anmen-Platz in Beijing zu verhindern. Unter anderem setzte er von einem Tag auf den anderen die amerikanische Krimiserie *Hunter* ab, die im Shanghaier Fernsehen lief und in der viel herumgeballert wurde. Stattdessen nahm er eine Serie ins Programm, in der die Anwendung von Gewalt nicht das bevorzugte Mittel zur Lösung von Problemen war – Derrick!

Knapp 25 Jahre später. Wieder macht eine deutsche Serie in China Furore, doch die Unterschiede könnten kaum größer sein. Statt eines höflichen älteren Mannes mit Tränensäcken eine freche junge Frau, deren Witze auch schon mal ins Kalauerhafte oder Vulgäre abrutschen. Martina Hill wurde ab 2012 mit ihrer mehrfach ausgezeichneten Sketchcomedy-Serie *Knallerfrauen* besonders unter jungen Leuten zum neuen Star in den chinesischen Medien. Entsprach der ernste, korrekte Oberkommissar Derrick in etwa dem Bild, das man von den Deutschen hatte, sprengte die Knallerfrau die Klischees und zeigte, dass man in Deutschland auch Humor haben kann. Das Bild von deutschen Frauen geriet gleich mit ins Wanken, wie ein Internet-Kommentar verrät: »In unserer Vorstellung sind deutsche Frauen relativ unabhängig, ernsthaft und feministisch, so wie Angela Merkel, ganz anders als bei *Knallerfrauen*.« In ihren Sketchen parodiert Hill Alltagssituationen, verhält sich überraschend und kümmert sich nicht darum, was andere denken. Das scheint ein Lebensgefühl bei jungen Leuten anzusprechen. »Die meisten von uns trauen sich nicht, ›verrückt‹ zu sein«, meint ein junger Angestellter im Netz auf die Frage, warum ihm die Sketche gefallen. Einig ist man sich darüber, dass der chinesische Name der Serie viel zu ihrem Erfolg beigetragen hat. *Diaosi nüshi* heißt so viel wie »Loserfrau« und spricht Menschen an, die sich selbstironisch als *diaosi*, »Loser« oder »Normalo«, bezeichnen, weil sie nicht den körperlichen oder materiellen Idealen der chinesischen Gesellschaft entsprechen (siehe Kapitel 27, S. 120). Der Comedian Dong Chengpeng sieht in den *Knallerfrauen* ein »Frustventil« für den großen Druck, unter dem junge Leute in China stehen. »Wir brauchen Vergnügen.«

DIE MEISTEN CHINESISCHEN MÄNNER HALTEN SICH FÜR LOSER

Ist die ideale Frau *baifumei*, also »weiß, reich und schön« (siehe Kapitel 15, S. 71), so ist der ideale Mann *gaofushuai*, »groß, reich und gutaussehend«. Auf jeden Fall ist er größer als seine Frau oder Freundin, wofür 1,70 Meter oft schon ausreichen, mehr ist noch besser. Er wirkt selbstsicher und bewegt sich lässig und cool in seinen Markenklamotten. Das Kindchenschema, das Frauen attraktiv wirken lässt, gilt in gewisser Weise auch für Männer. Sie dürfen zwar unter der »hohen« Nase ein etwas kantigeres Kinn haben, aber athletische Muskelprotze, womöglich noch behaart, sind nicht unbedingt gefragt – was den meisten chinesischen Männern entgegenkommt. Bildung schadet nicht. Am wichtigsten ist jedoch der finanzielle Hintergrund. Der ideale Mann fährt eine Limousine oder einen ausländischen Wagen, besitzt eine geräumige Wohnung (mindestens 90 Quadratmeter) und hat außerdem einige Ersparnisse auf der hohen Kante. Er braucht ja Geld, um seine Freundin einladen zu können und ihr ab und zu teure Geschenke zu machen. Vielleicht ist er ein *fuerdai*, ein »Sohn reicher Eltern«, vielleicht hat er einen interessanten, verantwortungsvollen Job, Chef oder so, auf jeden Fall verfügt er über viele nützliche Kontakte. Viele Chinesinnen gehen erstaunlich überlegt und pragmatisch an Beziehungen heran, zumindest wenn es ans Heiraten geht. Und wenn sie es nicht tun, dann tun es ihre Eltern. Das Leben ist schließlich voller Unwägbarkeiten, die Tochter soll gut versorgt sein und dem zukünftigen Enkelkind soll es an nichts fehlen, vor allem nicht an einer guten Ausbildung, möglichst mit Studium im Ausland. Das alles kostet Geld. Wenn dann noch Liebe zwischen den Elternteilen hinzukommt, umso besser.

Viele Männer fürchten, dass sie keine Frau finden, wenn sie diese Anforderungen nicht wenigstens ansatzweise erfüllen. Auf dem Heiratsmarkt herrscht ein harter Konkurrenzkampf (siehe Kapitel 35, S. 159). *Gaofushuai* ist für die meisten Männer ein unerreichbares Ideal. Millionen von Wanderarbeitern, kleinen Angestellten und Selbstständigen schlagen sich mit anstrengenden und schlecht bezahlten Jobs durchs Leben. Sie gehören zur großen Gruppe der sozialen und ökonomischen Verlierer und haben kaum Aussichten, aufzusteigen und ihre Situation aus eigener Kraft zu verbessern. Für sie hat sich in den letzten Jahren ein neuer Begriff im Internet gebildet und sehr schnell etabliert: *diaosi*. Ein *diaosi* wohnt zur Miete, fährt U-Bahn oder Fahrrad, sieht maximal durchschnittlich aus und fürchtet, dass er nie eine Freundin haben wird. Statt auszugehen, hängt er mit Computerspielen ab, was seine Dating-Chancen nicht verbessert. Man kann *diaosi* als »Loser« übersetzen, aber es ist mittlerweile zu einer selbstironischen identitätsstiftenden Bezeichnung für eine eigene Subkultur geworden. Auch Uniabsolventen, die nach dem Abschluss feststellen, dass es zu viele von ihnen gibt und kein Traumjob auf sie wartet, nennen sich inzwischen so. Der Begriff ist von der Unter- in die Mittelschicht aufgerückt und wird mittlerweile auch von Frauen für sich verwendet (obwohl *diao* ursprünglich ein derbes Wort für das männliche Geschlechtsorgan ist). »Sich einen *diaosi* zu nennen, ist ein Ventil für die Menschen, sich selbst nicht ganz ernst zu nehmen und dadurch Druck abzulassen«, meint Zhu Chongke, Professor für chinesische Literatur in Guangzhou. Der chinesische Internetstar Dong Chengpeng, der sich selbst auch als *diaosi* bezeichnet, hat aus der Not eine Tugend gemacht. Analog zur erfolgreichen Serie *Knallerfrauen* (siehe Kapitel 26, S. 116) entwickelte er 2013 eine ähnlich gestaltete Sketchcomedy-Serie, die sich *Diaosi nanshi* (»Losermann«) nennt und humorvoll die Alltagsprobleme einfacher Männer auf die Schippe nimmt. Wenn man schon nicht *gaofushuai* ist, dann sollte man wenigstens darüber lachen können.

2012 belegte *diaosi* den ersten Platz unter den zehn Top-Cyberwörtern in China, *gaofushuai* und *baifumei* landeten auf Platz 4. Laut einer Umfrage des Internetportals Sohu bezeichnen sich 64 Prozent der 20-Jährigen, 81 Prozent der 30-Jährigen und 70 Prozent der 40-Jährigen als *diaosi*.

Sketche aus der Comedyserie *Diaosi nanshi* (der englische Titel ist *Diors Man*) findet man auf Youtube, teilweise mit englischen Untertiteln.

JUNGE CHINESINNEN BEHERRSCHEN DIE KUNST DES SCHMOLLENS

Eine Szene in einer beliebigen chinesischen Einkaufsstraße: Eine junge Frau bittet ihren Freund, ihr irgendeine Kleinigkeit zu kaufen. Er weigert sich, denn er hat schon die Hände voll mit ihren Einkaufstüten, und außerdem trägt er auch noch ihre rosa Handtasche mit dem Pandabärchenanhänger. Sie bleibt stehen, stampft mit dem Fuß auf, verschränkt die Arme vor der Brust, macht einen Schmollmund und beschuldigt ihn mit einer plötzlich ganz kindlichen, quengeligen Stimme, dass er sie nicht liebe. Vielleicht trommelt sie auch mit den Fäusten gegen seine Brust. Für dieses komplexe Verhalten gibt es in China ein Wort: *sajiao*. Eine adäquate

Übersetzung ins Deutsche ist schwierig, »Koketterie, herumquengeln, jemandem in den Ohren liegen, sich bei jemandem einschmeicheln, sich wie ein verwöhntes Kind aufführen ...«, das alles trifft es nicht ganz. *Sajiao* ist eine weibliche Methode, etwas zu erreichen, indem die Frau sich kleiner, dümmer und hilfsbedürftiger macht, als sie eigentlich ist. *Sajiao* kann bei materiellen Wünschen eingesetzt werden, aber auch wenn der Mann einen Nagel in die Wand schlagen, seine Freundin zum Tierarzt begleiten oder seine sonstigen weiblichen Bekannten nicht mehr treffen soll.

Westliche Männer haben in der Regel Probleme mit diesem Verhalten, aber in China gilt *sajiao* als süß und feminin und lässt Männerherzen dahinschmelzen. Eine Frau, die *sajiao* praktiziert, demonstriert die Ernsthaftigkeit der Beziehung und gibt dem Mann die Chance, sich als starker Beschützer zu zeigen, der ihre Bedürfnisse über seine stellt. Dafür sind Männer bereit, sich gegen sinnlose Anschuldigungen zu verteidigen, Handtäschchen durch die Gegend zu tragen, Geld auszugeben und notfalls auch stundenlang auf die Angebetete zu warten. 70 Jahre Kommunismus waren gegen dieses Rollenverhalten offenbar machtlos. Frauen, die kein *sajiao* praktizieren, gelten schnell als unweiblich und hart. Nicht zufällig sind es die erfolgreichsten Frauen, die in China auf dem Heiratsmarkt die schlechtesten Chancen haben (siehe Kapitel 35, S. 159). Wie soll ein Mann eine Frau beschützen und verwöhnen, die mehr verdient und erfolgreicher ist als er? Ein bisschen *sajiao* könnte ihm da zumindest die Illusion lassen. Auch »sich dumm stellen«

gehört zu den chinesischen Kriegslisten (siehe Kapitel 55, S. 248).

(siehe Kapitel 55, S. 248).

Übrigens

Wer sich eine Vorstellung von *sajiao* machen will: In einem witzigen Sketch von mamahuhu, einer multikulturellen Freundesgruppe in Shanghai, wird durchgespielt, was passiert, wenn statt Alexa oder Siri *Sajiao* zur virtuellen Assistentin wird. https://www.youtube.com/watch?v=Lc9uGg6IErI (Englisch und Chinesisch).

Warum Sie

IMMER

wieder nach

CHINA

reisen sollten

1. weil man schon nach einem einzigen chinesischen Wort überschwänglich **für seine Sprachkenntnisse gelobt** wird,

2. weil es nirgendwo sonst so **leckeres und vielfältiges (auch vegetarisches) Essen** gibt,

3. weil Menschen sich damit vergnügen, **Schriftzeichen mit Wasser auf die Straße** zu malen,

4. weil chinesische Freundinnen und Freunde unglaublich **loyal, großzügig und zuverlässig** sind,

5. weil es überall **kostenlose öffentliche Toiletten** gibt,

6. weil das **Leben in den alten Stadtvierteln** immer noch ziemlich geruhsam daherkommt,

7. weil man **im Schlafanzug auf die Straße** gehen kann,

8. weil man sich als Mensch aus dem Ausland **mal so richtig im Mittelpunkt fühlen** kann,

9. ✓ weil man **Eis aus roten Bohnen oder Mais** probieren kann,

10. ✓ weil es überall **heißes Wasser für einen Tee** gibt,

11. weil so gut wie überall **WLAN- und Handyempfang** vorhanden sind, selbst in Tropfsteinhöhlen,

12. ✓ weil die meisten Menschen unterwegs nett und hilfsbereit sind und **man leicht ins Gespräch kommt**,

13. ✓ weil es schön ist zu sehen, wie in Buchhandlungen immer Kinder auf dem Boden sitzen und **ganz vertieft ins Lesen** sind,

14. ✓ weil China ein sehr **sicheres Reiseland** ist,

15. weil es alltäglich und ziemlich billig ist, **sich massieren zu lassen**,

16. ✓ weil man ab 60 in ganz vielen Museen **freien Eintritt** bekommt,

17. weil Menschen in China zwar oft abergläubisch sind, aber sehr **selten zum Fanatismus neigen**,

18. weil man sich **als Frau ungehindert im Land bewegen** kann,

19. ✓ weil die **Teegeschäfte** so viel besser sortiert sind als bei uns,

20. ✓ weil viele Menschen **herumsitzen und nichts tun**,

21. ✓ weil es im **Supermarkt** viele erstaunliche Dinge zu entdecken gibt,

22. weil man bei einem **Friseurbesuch** nicht nur einen Haarschnitt bekommt, sondern auch eine Massage von Kopf, Schultern, Nacken und Armen,

23. weil **chinesische Mondkuchen** zwar meistens viel zu süß sind, aber in tollen Verpackungen daherkommen,

24. weil es so **viele verschiedene Kulturen** mit unterschiedlichen Traditionen, Bauweisen und Sprachen gibt,

25. weil man im Restaurant das **Essen gemeinsam bestellt** und miteinander teilt,

26. weil die **Züge** unglaublich schnell, pünktlich und effizient sind,

27. weil es eine interessante Erfahrung ist, **plötzlich nicht mehr lesen und schreiben zu können**,

28. weil es großartige **Landschaften** gibt,

29. weil es großartige **Sehenswürdigkeiten** gibt,

30. weil man in China gerne **singt**,

31. weil man lernen kann, dass **es auch mal ohne Google und Co.** geht,

32. weil man in China sehr **billig** leben und reisen kann,

33. weil man sich **nicht für die weißen Beine unter dem Rock oder in der kurzen Hose schämen** muss,

34. weil man **jederzeit einkaufen** gehen kann,

35. weil es in China eine interessante **Kunstszene** gibt,

36. weil man wunderbare Nachmittage in einem **Teehaus im Park** verbringen kann,

37. weil es **Musikinstrumente** gibt, die man noch nie vorher gesehen und gehört hat,

38. weil die **Alltagsanarchie** allen Erziehungsversuchen trotzt,

39. weil man **erstaunliche Geschenke** bekommt,

40. weil es Spaß macht, chinesischen Paaren bei den **Hochzeitsfotos** zuzusehen,

41. weil die **Schriftzeichen** einfach faszinierend sind,

42. weil Menschen **auf den Straße zusammensitzen und Schach oder Karten spielen**,

43. weil überall **Sportgeräte** herumstehen und zum Training einladen,

44. weil man auch nach 1.000 Restaurantbesuchen immer noch ein Gericht findet, das man **noch nie probiert hat**,

45. weil es reizend ist, **Großeltern mit ihren Enkelkindern** im Park zu beobachten,

46. weil es beim Essen oft ziemlich **rustikal und wenig formell** zugeht,

47. weil die Menschen in der Öffentlichkeit **tanzen, singen und Tai Chi praktizieren**,

48. weil irgendwo **immer die Sonne scheint**,

49. weil **Chinesisch lernen** eine unendliche Geschichte ist,

50. weil man ganz neue **Obst- und Gemüsesorten** probieren kann,

51. weil es Spaß macht, mit **Stäbchen** zu essen,

52. weil es faszinierend ist, dass manche Maler **ihr ganzes Leben lang nur ein Motiv** malen,

53. weil man überall **schlafende Menschen** sehen kann,

54. weil es bereichernd ist, sich mit der **chinesischen Philosophie** zu beschäftigen,

55. weil es gut ist, **sich selbst ein Bild** von diesem großen, vielfältigen Land zu **machen**.

BEI DEN FRAUENBILDERN HABEN CHINESINNEN DIE QUAL DER WAHL

» Durch die ersten Bilder von Chinesinnen auf dem Hochspannungsmast, dem Baukran, vor dem Hochofen mit der dazugehörigen Bildunterschrift ›Was Männer können, können Frauen auch‹ wurden China und seine Frauenpolitik der wegweisende Rote Stern am Horizont«, erinnert sich die Psychologin Ann Kathrin Scheerer in ihrem Buch *Sieben Chinesinnen* (1993). So wie ihr ging es in den 1970er Jahren vielen linken Feministinnen im Westen. Bewundernd und ein bisschen neidisch schaute man nach Osten. »Die Frauen tragen die Hälfte des Himmels«, hatte Mao verkündet, und nach der Gründung der Volksrepublik 1949 wurde die Gleichheit von Frauen und Männern in der Verfassung festgeschrieben. Eines der ersten Gesetze der neuen Republik war ein Ehegesetz, das beide zu gleichberechtigten Partnern erklärte, den Frauen gleiche Besitz- und Erbschaftsansprüche und das Recht auf eine selbstständige Erwerbsarbeit zugestand. In Westdeutschland brauchte man dafür ein Vierteljahrhundert länger. Die Frauenerwerbsquote in China erreichte denn auch zwischendurch fast 90 Prozent. Allerdings wurde der weibliche Zuständigkeitsbereich in der Realität nicht auf hohe Parteiämter ausgedehnt, in der Politik sind Frauen nach wie vor stark unterrepräsentiert.

Doch so ganz überzeugend und nachhaltig war das Bild der sozialistischen Superfrau, die tagsüber im Beruf die neue Gesellschaft aufbaut, sich nebenbei um den Haushalt kümmert, die Kinder zu guten Sozialistinnen und Sozialisten erzieht und abends die Werke Maos liest, offenbar nicht. Es war eine staatlich verordnete, an der Männerwelt orientierte Emanzipation, Widersprüche wurden ausgeblendet, Gefühle und Unbehagen hatten keinen Platz.

Als nach Maos Tod 1976 die Reformpolitik einsetzte, verloren Frauen nicht nur viele politische Ämter, sondern auch wesentlich häufiger als Männer ihren Arbeitsplatz, die Schere zwischen den Einkommen vergrößerte sich, und traditionelle Rollenbilder kamen wieder zum Vorschein, womöglich waren sie nie ganz verschwunden. Wie stark die Traditionen waren, zeigte sich auch daran, dass sich mit der Einführung der Ein-Kind-Politik 1979 das Geschlechterverhältnis plötzlich dramatisch zugunsten von Männern verschob, weil weibliche Föten abgetrieben oder weibliche Babys getötet wurden. Immer noch waren es traditionell nur die Söhne, die die Familienlinie weiterführen konnten, sie waren für die Versorgung der Eltern zuständig, was vor allem auf dem Land ein ganz handfester pragmatischer Grund für männliche Nachkommen war. Dagegen halfen auch keine auf Wände gepinselte Parolen, wie »›Jungen sind wertvoller als Mädchen‹ ist ein alter Gedanke. Er verursacht nur Unheil in der Familie. Jeder soll seine eiserne Schaufel nehmen und diesen Gedanken in die Mülltonne werfen.« Auf der anderen Seite brachte die Ein-Kind-Politik auch ganze Generationen gut ausgebildeter, erfolgreicher (und verwöhnter) Frauen hervor, deren Eltern alles in ihr einziges Kind investiert hatten.

Harte Fakten

1950 gab es in 70 Prozent aller Dörfer zumindest eine Frau in der gehobenen Administration, in den 1990er Jahren nur noch in 10 Prozent; rund 19 Prozent mehr Frauen als Männer verloren zwischen 1990 und 2000 ihre Arbeit in Staatsunternehmen. In den Städten verdienten Frauen 2000 durchschnittlich nur noch 70,1 Prozent des Einkommens der Männer, ein Rückgang um 7,4 Prozent gegenüber 1990. 2019 bekamen sie für die gleiche Arbeit und bei vergleichbarer Qualifikation etwa 36 Prozent weniger Geld als ihre männlichen Kollegen. Der Anteil der erwerbstätigen Frauen an der Gesamtzahl der Frauen im erwerbsfähigen Alter ist kontinuierlich gesunken, von 73,2 Prozent (1990) auf 60,5 Prozent

(2019). (In Deutschland stieg die Frauenerwerbsquote in diesem Zeitraum von 57 auf 72,8 Prozent.)
Der Global Gender Gap Report des World Economic
Forums, der die Ungleichheit zwischen den Geschlechtern in verschiedenen Ländern untersucht,
listete China 2021 nur auf Platz 107 von 156 Ländern.
Deutschland kam auf Platz 11.

Nach der Mao-Zeit emanzipierte sich die Frauenbewe-
gung auch von der Partei. An Universitäten entstanden
Forschungsarbeiten zur Situation von Frauen, verschiedene NGOs wandten sich Tabuthemen zu, wie häuslicher
Gewalt und sexueller Belästigung. Die internationale
#metoo-Debatte 2017/18 wurde auch in China geführt
und hatte diverse Entlassungen prominenter Männer zur
Folge. Andere Aktionen kommen eher spielerisch daher,
wie ein Achselhaar-Wettbewerb für Frauen, zu dem eine
junge Aktivistin 2015 aufrief, um eine Debatte über
Schönheitsideale anzuregen und »die Freiheit der weiblichen Achselhöhle zu verteidigen«. Eine Aktion, die zur
Mao-Zeit sicher undenkbar gewesen wäre.

Und so ist China heute im Hinblick auf Frauen ein
ziemlich widersprüchliches Land, mit einem Mischungs-
verhältnis aus Tradition und Emanzipation, das etwas
anders zusammengesetzt ist als in (West)- Deutschland.
Es gibt schmollende Püppchen, knallharte Geschäfts-
frauen, überfürsorgliche Mütter, Aktivistinnen, Haus-
frauen, hart arbeitende Bäuerinnen, verwöhnte reiche
Töchter, Bloggerinnen, Abenteurerinnen, Unterneh-
mensgründerinnen und alles Mögliche dazwischen, Bil-

der und Vorbilder, die heutigen Frauen immerhin mehr Wahlfreiheit lassen als jene, von denen die Psychologin Scheerer in der Mao-Zeit so beeindruckt war.

Aber

In den letzten Jahren scheint die Toleranz des Staates auch gegenüber Frauenrechtlerinnen nachzulassen. Im März 2015 wurden zehn Aktivistinnen, die zum Internationalen Frauentag gegen sexuelle Belästigung demonstrieren wollten, festgesetzt. Man warf ihnen Unruhestiftung vor. Solidaritätskampagnen im Netz wurden gelöscht. Das Guangzhou Gender and Sexuality Education Center (GSEC) musste im Dezember 2018 schließen und seine Forschungen zum Stand der Gleichberechtigung von Frauen in China einstellen. Internationales Aufsehen erregte Ende 2021 der Fall der Tennisspielerin Peng Shuai. Sie hatte in einem Post auf Weibo einen ehemaligen Spitzenpolitiker beschuldigt, sie sexuell genötigt zu haben. Der Post wurde schnell gelöscht, und die Sportlerin verschwand für mehrere Wochen von der Bildfläche. Erst nach internationalen Protesten und Solidaritätskundgebungen erschien sie auf inszenierten Presseauftritten, nahm alle Vorwürfe zurück und sprach von einem Missverständnis.

IN CHINA IST KINDESLIEBE GESETZ

Ein Junge legt sich im Winter nackt auf einen zugefrorenen See, um das Eis zu schmelzen und Karpfen für seine kranke Stiefmutter zu fangen. Ein 70-Jähriger verkleidet sich und führt sich vor seinen betagten Eltern extra kindisch und tollpatschig auf. Er will sie zum Lachen bringen und ihnen das Bewusstsein des nahen Todes nehmen. Ein Mann probiert die Exkremente seines Vaters, um dessen Krankheit zu diagnostizieren. Eine Frau sättigt mit ihrer Brustmilch ihre zahnlose Schwiegermutter ... – Es sind, gelinde gesagt, merkwürdige Geschichten, die in den *24 Beispielen kindlicher Pietät* aus der Yuan-Dynastie (1260–1368) versammelt sind. Das

Buch ist ein Klassiker der chinesischen Kinderbuchliteratur und wird bis heute aufgelegt.

»Pietät und Gehorsam: das sind die Wurzeln des Menschentums«, heißt es bei Konfuzius. In der konfuzianischen Tradition gehören Respekt, Gehorsam, Loyalität und lebenslange Fürsorge gegenüber den Eltern zu den Grundtugenden. Notfalls auch auf Kosten der eigenen Kinder. So erzählt das 13. Beispiel im Buch von einem Hunger leidenden Ehepaar, das beschließt, seinen dreijährigen Sohn zu töten, damit für die Großmutter genug zu essen bleibt. Der berühmte chinesische Schriftsteller Lu Xun, der für den Beginn einer modernen Literatur zu Beginn des 20. Jahrhunderts steht, beschreibt in einem Essay, wie sehr ihn diese Geschichte als Kind beschäftigte: »Allein schon der Anblick meiner weißhaarigen Großmutter beunruhigte mich, denn ich hatte das Gefühl, dass einer von uns beiden zu viel war.« Der Psychologe Sun Longji, Autor von *Das ummauerte Ich* (1994), einer tiefenpsychologischen Analyse der chinesischen Gesellschaft, spricht gar von einer »Kultur des Kindesmordes«. Das mag übertrieben klingen, und natürlich nimmt sich niemand mehr die *24 Beispiele* als reales Vorbild. Trotzdem ist das Gefühl der Verpflichtung gegenüber den Eltern im Bewusstsein junger Chinesinnen und Chinesen auch heute noch sehr stark ausgeprägt. Schon Studierende machen sich Gedanken darüber, wie sie – als Einzelkinder – nach der Eheschließung für vier alte Menschen sorgen sollen. Und manch eine Auslandschinesin quält sich mit der Frage, ob sie nach China zurückgehen soll, wenn ihre Eltern sie brauchen. Oder macht eine Therapie, um ihre Schuldgefühle in den Griff zu bekommen.

Übrigens

Eine deutsche Edeka-Werbung von 2015, in der ein alter Mann seinen Tod vortäuscht, damit seine erwachsenen Kinder Weihnachten nach Hause kommen, löste auch in China ein großes Echo aus und wurde innerhalb einer Woche 20 Millionen Mal angeklickt. Ein Indiz, dass die Themen Alterseinsamkeit und das schlechte Gewissen der Kinder und Enkelkinder trotz aller Unterschiede in beiden Ländern einen wunden Punkt treffen.

Die chinesische Gesellschaft verändert sich rapide. Die Großfamilie ist längst passé, viele Kinder wohnen weit entfernt von den Eltern, sie sind beruflich stark eingespannt und haben weniger Zeit und vielleicht auch weniger Lust, sich um die Eltern zu kümmern. Dass Pietät nicht mehr völlig selbstverständlich vorausgesetzt werden kann, zeigt ein zeitgemäßer Leitfaden für den Umgang mit älteren Menschen, der 2012 vom Nationalen Arbeitskomitee für Senioren entwickelt wurde und an die *24 Beispiele* anknüpft. Moderne Kinder sollen für die Eltern demnach eine Krankenversicherung abschließen, ihnen das Internet erklären, mit ihnen ins Kino gehen und ihren Geschichten von früher geduldig zuhören. Ein Gesetz von 2013 zum »Schutz der Rechte und Interessen der Älteren« verpflichtet Kinder von über 60-Jährigen, ihre Eltern nicht nur finanziell, sondern auch emotional zu unterstützen und sie »oft«, mindestens einmal jährlich, zu besuchen. Einige Provinzen gewähren den Mitarbeitern sogar einige Tage Zusatzurlaub, um ihren kindlichen Verpflichtungen nachzukommen. Schon Konfuzius befand, dass die rein materielle Versorgung nicht genüge, und klingt damit ganz aktuell: »Heutzutage kindesliebend sein, das heißt (seine Eltern) ernähren können. Aber Ernährung können alle Wesen bis auf Hunde und Pferde herunter haben. Ohne Ehrerbietung: was ist da für ein Unterschied?« Wer es übrigens gar nicht ermöglichen kann, selbst zu kommen, kann im Internet jemanden in der Heimatstadt mieten, der die Eltern regelmäßig besucht und dem Sohn oder der Tochter Bericht erstattet.

CHINESISCHE ELTERN WISSEN, WAS GUT FÜR IHR KIND IST. GLAUBEN SIE.

Ein chinesischer Bekannter, Mitte 30 und Designer von Beruf, plant mit seiner Frau die Einrichtung der neuen Wohnung in Beijing. Er bestellt Tapeten und wundert sich, dass alle ausgewählten Muster ausverkauft sind. Später stellt sich heraus, dass seiner Mutter die Tapeten nicht gefallen haben. Da sie eine einflussreiche Person mit vielen Beziehungen ist, hat sie den Geschäftsführer der Tapetenfirma kontaktiert und ihn gebeten, Lieferschwierigkeiten vorzutäuschen.

Chinesische Familienbeziehungen sind traditionell enger als im Westen. Das hat kulturelle Gründe, die Familie gilt im Konfuzianismus als Grundeinheit der

Gesellschaft. Es hat auch praktische Ursachen, man ist stärker aufeinander angewiesen, weil das Sozialsystem weniger ausgebaut ist. Hinzu kommt die langjährige Ein-Kind-Politik (1979–2015), die dazu geführt hat, dass alle Hoffnungen der Eltern auf einem einzigen Kind liegen. Chinesische Eltern tun in der Regel viel für ihr Kind. Sie schränken sich jahrelang finanziell ein, um ihm eine gute Ausbildung zu ermöglichen, legen Geld auf die hohe Kante, um ihm später mal, wenn es irgendwie geht, eine Wohnung zu kaufen, und betreuen ganztags das Enkelkind, damit Sohn oder Tochter arbeiten können (siehe Kapitel 41, S. 183). Dafür mischen sie sich aber auch auf eine Weise in das Leben ihrer Kinder ein, die man im Westen zumindest grenzwertig finden dürfte.

Was bei kleinen Kindern noch als übertriebene Fürsorglichkeit durchgehen mag, wird spätestens in der Pubertät problematisch und wirkt bei Erwachsenen, nach westlichen Maßstäben, ziemlich übergriffig. Viele Studierende haben ihr Studienfach zum Beispiel nicht aus eigener Neigung gewählt, sondern weil ihre Eltern es für das Beste hielten. Nach dem Abschluss suchen die Eltern nach passenden Ehepartnerinnen und -partnern (siehe Kapitel 35, S. 159) und mischen sich anschließend in das Leben des jungen Paares ein, in ihre Wohnungseinrichtung und später in die Kindererziehung. Die Vorstellung, dass Sohn oder Tochter irgendwann ihre eigenen Wege gehen und ihre eigenen Fehler machen müssen, hat sich bei den meisten chinesischen Eltern noch nicht durchgesetzt. Wenn die Familie nicht ohnehin zusammenlebt, haben viele Eltern einen Schlüssel für die Wohnung ihrer Kinder. Und nutzen ihn auch. Es gibt zwar in China eine andere Vorstellung von Privatsphäre, aber auch chinesische Paare schätzen es nicht unbedingt, wenn Mutter oder Schwiegermutter in ihrer Abwesenheit ungebeten auf- oder gar umräumen und es mehrerer Telefonate bedarf, um sich wieder zurechtzufinden.

Das alles tun die Eltern natürlich aus Liebe. Sie wollen das Beste für ihr Kind, und sie glauben zu wissen, was das ist, schließlich haben sie mehr Lebenserfahrung. Kinder, die das nicht zu schätzen wissen, handeln sich schnell den Vorwurf ein, undankbar und lieblos zu sein.

Doch tatsächlich reagieren viele Kinder auf die elterlichen Übergriffe erstaunlich gelassen. Die meisten scheuen den direkten Konflikt. Sie wissen die Loyalität und Unterstützung ihrer Eltern zu schätzen und haben Verständnis für deren Art zu denken, selbst wenn sie sie nicht teilen. Auch der anerzogene Respekt vor der älteren Generation (siehe Kapitel 30, S. 136) mag hier eine Rolle spielen. Nach Konfuzius darf man den Eltern durchaus widersprechen und ihnen Vorhaltungen machen. »Wenn man aber sieht, daß sie nicht gewillt sind, darauf zu hören, so soll man fortfahren, ehrerbietig sich zu fügen, und auch die schwersten Anstrengungen ohne Murren tragen.«

Dinge, die den Eltern missfallen könnten, werden deshalb oft heimlich gelebt. Studentinnen verschweigen, dass sie einen Freund haben. Wenn sie mit ihm am Wochenende wegfahren wollen, dann müssen sie eben offiziell im Wohnheim bleiben und lernen. Ein Argument, das bei chinesischen Eltern immer zieht. Und da man der Mutter nicht offen sagen kann, dass drei Monate Besuche im Jahr zu viel sind, überlegt man, wie man ihr das Zuhausebleiben angenehmer machen könnte, damit sie seltener kommt. Manchmal treibt die Heimlichtuerei extreme Blüten. So verschwieg eine Bekannte ihren Eltern, dass sie nach ihrer Scheidung wieder geheiratet hatte und ihrem Mann nach Deutschland gefolgt war. Dank moderner Kommunikationstechnologie und jährlichem Besuch zum Frühlingsfest lebten diese jahrelang im Glauben, ihre Tochter würde als Single in einer entfernten chinesischen Stadt wohnen und hätte eben viel zu tun.

ODE AN DIE FREUDE IST IN CHINA EINE FERNSEHSERIE

Bei *Ode an die Freude (Huanlesong)* denken die meisten Menschen in China nicht mehr an Schiller oder Beethoven, sondern an eine bekannte Fernsehserie, die in einer Wohnsiedlung gleichen Namens im heutigen Shanghai spielt und von Kritikern als chinesische Antwort auf *Sex and the City* gefeiert wird. Im 22. Stockwerk eines Apartmenthauses leben fünf junge Frauen, mit deren Träumen und Problemen sich offensichtlich viele Chinesinnen der städtischen Mittelschicht identifizieren können. Kein Wunder, sind die fünf doch so unterschiedlich angelegt, dass für jede etwas dabei ist, und bilden damit ein Spektrum heutiger Frauenbilder ab.

Die Freche: Umstrittenste Figur ist die verwöhnte Qu Xiaoxiao (24), eine ziemliche Nervensäge, schnoddrig, frech und manchmal erfrischend unkonventionell. Bisher hat sie ihr Leben als trinkfestes Partygirl verplempert, typisch *fuerdai*, wie die verzogenen Kinder reicher Eltern genannt werden. Doch dann packt sie der Ehrgeiz. Sie will ihrem Vater, einem erfolgreichen Unternehmer, beweisen, dass sie als Geschäftsfrau mehr drauf hat als sein Sohn aus erster Ehe. Schon damit der Halbbruder am Ende nicht alles erbt.

Die Übriggebliebene: Von solchen finanziellen Verhältnissen kann Fan Shengmai (30) nur träumen. Ihr Geld reicht nicht einmal, um die Miete für eine ganze Wohnung zu bezahlen, geschweige denn um sich die Markenklamotten und Statussymbole zu kaufen, von denen sie träumt. Dabei verdient sie in der Personalabteilung einer internationalen Firma nicht schlecht, doch immer wieder fordert ihre Familie Geld von ihr, weil der nichtsnutzige, stets bevorzugte Bruder in Schwierigkeiten geraten ist. Kein Wunder, dass Fan Shengmai, mit 30 schon eine *shengnü* eine »übriggebliebene Frau«, auf der Suche nach einem reichen Mann ist, der ihr Schutz und Sicherheit bieten kann.

Die Brave: Fan Shengmai teilt sich die Wohnung mit Guan Ju'er (22), einer ruhigen, introvertierten und freundlichen jungen Frau, die sich nach ihrem Studium in einem Praktikum abrackert, immer in Angst, mit den Kolleginnen von den besseren Unis nicht mithalten zu können und entlassen zu werden. Ihre Eltern, beide Akademiker, unterstützen sie, versuchen aber zu ihrem Leidwesen auch immer wieder, sie zu verkuppeln.

Die Naive: Dritte Mitbewohnerin der beiden ist Qiu Yingying (23), die aus einer kleinen Provinzstadt aus einfachen Verhältnissen stammt. Ihre Eltern sind stolz darauf, dass ihre Tochter einen Job in Shanghai ergattert hat, doch das Geld reicht kaum zum Überleben. Naiv, gutherzig und impulsiv versucht Qiu Yingying allen Rückschlägen zum Trotz, ihr Glück zu machen. Wenn es um die Liebe geht, verliert sie allerdings schnell den Kopf.

Die Geheimnisvolle: An Di (31), die Bewohnerin der dritten Wohnung, ist leitende Finanzexpertin eines Unternehmens. Sie wurde als Waisenkind von einer amerikanischen Familie adoptiert und wuchs in den USA auf. Nun ist sie zurückgekehrt, um nach ihrem verschollenen Bruder zu suchen. An Di ist hochintelligent und hat ein exzellentes Gespür für Zahlen, leidet aber an einer Art Sozialphobie, die ihr enge Beziehungen fast unmöglich macht.

Diese fünf Frauen können sich keineswegs sofort und immer leiden, entwickeln mit der Zeit aber doch so etwas wie eine nachbarliche Freundschaft, in der sie sich gegenseitig unterstützen. Sie verlieben und trennen sich, finden und verlieren Jobs, decken Familiengeheimnisse auf, setzen sich gegen ihre Eltern zur Wehr und versuchen herauszufinden, was sie selbst eigentlich wollen. Und Hunderte Millionen von Chinesinnen haben ihnen dabei zugesehen, haben mitgefiebert und mitgelitten. Die erste Staffel von *Huanlesong* war 2016 die meistgesehene zeitgenössische Dramaserie im chinesischen Fernsehen und erhielt zahlreiche Auszeichnungen, auch die zweite Staffel kam noch unter die ersten fünf Topserien. Manche bemängelten, die Protagonistinnen seien zu materialistisch, Konsum und Statussymbole würden eine zu große Rolle spielen. Böse Zungen meinten gar, »Ode an die Werbung« wäre ein passenderer Titel. Doch die meisten Kritiken lobten, dass die Serie einen realistischen Einblick in das Leben heutiger, moderner Frauen biete, statt (wieder einmal) ein Aschenputtel zu zeigen, das von einem Prinzen erlöst wird. Tatsächlich greift *Huanlesong* viele aktuelle Themen auf: Unterschiede zwischen Arm und Reich, Ausbeutung im Arbeitsleben, Bevorzugung von Söhnen, Heiratsdruck oder elterliche Einmischung. Für den meisten Diskussionsstoff in den sozialen Medien sorgte übrigens eine Folge, in der sich Qiu Yingyings Freund von ihr trennt, nachdem er erfahren hat, dass sie nicht mehr Jungfrau ist.

Trotz der dort behandelten gesellschaftlichen und privaten Probleme beschreibt ein Internetuser in einem Forum die Serie aber auch als »eine chinesische Reproduktion des amerikanischen Traums: Mit Fleiß, Anstrengung, Mut und Kreativität können alle ihre durch Geburt bestimmte Schicht verlassen und erfolgreich sein«. Das mache die Serie »so wohltuend für die Seele«.

Die erste Staffel (42 Episoden) wurde im April/Mai 2016 ausgestrahlt, die zweite (55 Episoden) im Mai/Juni 2017. Eine dritte Staffel war für 2020 angekündigt, wurde jedoch anscheinend noch nicht gedreht.

Wer neugierig geworden ist: Man kann die Serie auf Youtube oder auf Streaming-Diensten wie z. B. dem US-amerikanischen Viki ansehen. Dort gibt es die erste Staffel auch mit deutschen Untertiteln.

DIE CHINESISCHE WELTLITERATUR IST IM WESTEN NOCH NICHT ANGEKOMMEN

Er ist frech, eingebildet, listenreich – und macht ständig Ärger. Nicht einmal die himmlische Ordnung ist ihm heilig. Die Rede ist von Sun Wukong, dem Affenkönig aus dem Buch *Die Reise in den Westen*, eine der schillerndsten Gestalten der chinesischen Literatur. In China (und Japan) kennt ihn jedes Kind, er ist Star zahlreicher Verfilmungen und Held in Mangas und Computerspielen. Um die Unsterblichkeit zu erlangen, schleicht er sich in den Palast des himmlischen Jadekaisers, stiehlt die Pfirsiche des ewigen Lebens und schluckt die Pille der Unsterblichkeit. Der erzürnte Jadekaiser und seine Armee sind machtlos gegen seine Zauberkräfte. Erst

Buddha besiegt ihn mit einer List und sperrt ihn für 500 Jahre in einen Berg. Dann macht sich der Mönch Tang Sanzang auf die gefahrvolle Reise nach Indien, um die heiligen Schriften des Buddhismus nach China zu bringen, und Sun Wukong wird freigelassen, um ihn zu begleiten und zu schützen. Gemeinsam mit dem furchterregenden Sandmönch und Bajie, der – halb Schwein, halb Mensch – alle mit seiner Faulheit, seiner Verfressenheit und seiner Leidenschaft für schöne Frauen in Schwierigkeiten bringt, bestehen die vier die unglaublichsten Abenteuer.

Die Reise in den Westen, entstanden im 16. Jahrhundert während der Ming-Dynastie, bezieht sich auf die reale Pilgerschaft des Mönches Xuanzang im siebten Jahrhundert und ist einer der vier klassischen Romane der chinesischen Literatur. Diese vier Werke sind Wälzer von wahrhaft epischen Ausmaßen, in die reale historische Ereignisse und zahlreiche Volkslegenden eingeflossen sind. Trotz ihres Umfangs, der Vielzahl des Personals und der zahlreichen philosophischen Betrachtungen sind sie aber keineswegs trockene Lektüre für den Elfenbeinturm, sondern ungeheuer populär. Sie bieten Action und Zauberei, Kämpfe gegen Räuber und Dämonen, derbe Scherze, witzige Dialoge und unterschiedlichste Identifikationsfiguren.

Die Drei Reiche aus dem 14. Jahrhundert geht auf eine historische Epoche im 3. Jahrhundert zurück, als die Han-Dynastie auseinanderfiel und die nationale Identität zerbrach. Der Roman zeichnet ein großes Gemälde der politischen und militärischen Auseinandersetzungen mit konkurrierenden Helden voller Dramatik, Intrigen und Kriegslisten.

Der Abenteuerroman **Die Räuber vom Liang-Schan-Moor** (ebenfalls aus dem 14. Jahrhundert) ist dagegen eher eine Art Robin-Hood-Geschichte und beschreibt die Rebellion einer Gruppe von Geächteten, die sich mit Gleichgesinnten aus allen sozialen Schichten zu einer Rebellenarmee zusammenschließen und gemeinsam gegen Unterdrückung und Korruption kämpfen. Wobei sie – zumindest aus heutiger Sicht – teilweise selbst oft recht brutal und moralisch fragwürdig vorgehen.

Wer sich mehr für Familien- und Liebesgeschichten interessiert, kommt in **Der Traum der roten Kammer** auf seine Kosten, einem Roman aus dem 18. Jahrhundert, der vielen als bester der chinesischen Literaturgeschichte gilt. Facettenreich und vielschichtig erzählt er die Geschichte vom Aufstieg und Fall der reichen Aristokratenfamilie Jia, wobei es viele Parallelen zum Leben des Autors Cao Xueqin gibt. Eine der Hauptfiguren ist der verwöhnte Jia Baoyu, der seinen konfuzianischen Vater zur Verzweiflung treibt, weil er nicht lernen will und lieber den Frauen nachgeht. Er ist in seine zarte Cousine Blaujuwel verliebt und sie erwidert seine Liebe, doch die Familie findet sie als Braut zu kränklich und bringt ihn mit einer List dazu, statt der Geliebten ungewollt seine Cousine Baochai zu heiraten. Daraufhin legt sich Blaujuwel zum Sterben nieder und Baoyu zieht am Ende als daoistischer Mönch davon. Die Geschichte von der wahren Liebe, die an gesellschaftlichen und familiären Schranken scheitert, ist in China ähnlich bekannt wie *Romeo und Julia* bei uns und wurde mehrfach verfilmt.

Und dann gibt es da noch einen Roman, den manche ebenfalls zu den Klassikern rechnen, über den aber eher hinter vorgehaltener Hand gesprochen wird, der Sittenroman ***Die Pflaumenblüte in der goldenen Vase***. Er wurde im 16. Jahrhundert verfasst und schildert das Leben des reichen Apothekers und Seidenhändlers Ximen Qing, eines veritablen Schürzenjägers, der neben seinen sechs offiziellen Frauen noch zahlreiche Affären hat. Das Lotterleben führt schließlich zum Verfall des Hauses, aber man kann wohl guten Gewissens annehmen, dass es nicht das moralische Ende, sondern die zahlreichen erotischen, teils pornografischen Passagen sind, die den Roman berühmt und populär gemacht haben.

Aber

Trotz ihrer Popularität, ihrer Qualität und ihrer Bedeutung als historische Quellen haben es diese Romane im Westen bisher nicht zu großer Bekanntheit gebracht. Die erste vollständige deutsche Übersetzung der *Reise in den Westen* erschien erst 2016! Die Übersetzerin Eva Lüdi Kong, die für diese Mammutarbeit den Übersetzerpreis der Leipziger

Buchmesse erhielt, betont in einem Interview, es sei wünschenswert, dass die chinesische Literatur aus dem »China-Käfig« herauskomme und zu einem selbstverständlichen Bestandteil der Weltliteratur werde. Offensichtlich ist für die chinesische Literatur die Reise in den Westen noch nicht zu Ende.

DER GESELLSCHAFTLICHE WANDEL IN CHINA MACHT AN DER SCHLAFZIMMERTÜR NICHT HALT

34

Sex

Wörterraten in einem Deutschkurs an einer Universität in Beijing Anfang der 2000er Jahre. Was ist das? »Mann, Frau, nein!« (dazu eine abwehrende Handbewegung) »Sex!«, rufen die Studierenden im Chor.

Als in Deutschland die Studentenbewegung 1968 auch die alte Moral infrage stellte, die sexuelle Revolution propagierte und mit neuen Lebensformen inklusive freier Liebe experimentierte, erreichte in China gerade die Kulturrevolution (siehe Kapitel 42, S. 187) ihren Höhepunkt. Sex war tabu, galt als schmutzig und nur notwendig für die Erzeugung von Nachkommen. Die revolutionären Aufgaben hatten Vorrang vor persönlichen

Gefühlen und Bedürfnissen. Der Sexualwissenschaftler Pan Suiming spricht von einer »sexlosen Gesellschaft« vor 1978. Das änderte sich mit der Reform- und Öffnungspolitik. Nach der verordneten Enthaltsamkeit zog jedes Thema, das irgendetwas mit Sex zu tun hatte, plötzlich die Aufmerksamkeit der ganzen Gesellschaft auf sich, ob es nun ein Filmplakat war, auf dem sich Leute küssten, oder 1988 eine Ausstellung mit Aktmalerei im China Art Museum, die ungeahnte Besucherströme verzeichnete. 2006 führte das sexualwissenschaftliche Institut der Volksuniversität in Peking eine großangelegte Untersuchung mit 6.000 Chinesinnen und Chinesen zwischen 20 und 40 Jahren aus allen Teilen des Landes und allen sozialen Schichten zu deren Sexualleben durch. Eine Pioniertat. Das Sexualleben sei viel freier als vor 20 Jahren, fasste der Leiter, eben jener Pan Suiming, die Ergebnisse zusammen. Man könne durchaus von einer sexuellen Revolution sprechen, dazu habe nicht zuletzt die Ein-Kind-Politik beigetragen, die Sex und Fortpflanzung im Bewusstsein der Menschen voneinander getrennt habe. Außerdem sei die soziale Kontrolle viel geringer geworden.

In der Öffentlichkeit ist von dieser Befreiung immer noch nicht allzu viel zu bemerken. Es gibt inzwischen ein paar Sexshops in den Städten. Man sieht auch junge Paare Hand in Hand gehen oder aneinander gekuschelt auf einer Bank im Park sitzen. Aber das wirkt oft eher vertraut als leidenschaftlich. Zärtlichkeiten werden in der Öffentlichkeit kaum ausgetauscht. Kein Flirten, keine anzüglichen Blicke, kein erotisches Kribbeln. Jungen Leuten fehlt oft auch einfach die Privatsphäre. Viele wohnen noch bei den Eltern. Von ihnen ist keine Hilfe zu erwarten, sie reden mit den Kindern kaum über das Thema, schon weil sie es selbst nicht gelernt haben, über solche Dinge zu sprechen. Außerdem sind sie ohnehin meist der Meinung, dass Sohn oder Tochter auch mit Anfang 20 noch zu jung für eine Beziehung sind und sich lieber ganz auf das Lernen konzentrieren sollten. Im Wohnheim leben Studierende nach Geschlechtern getrennt in Mehrbettzimmern. Stundenhotels sind ein Ausweg, doch sie kosten Geld. Voreheticher Sex ist in China offiziell verpönt. Bei einer Umfrage an vier Unis in Guangzhou 2008 fanden immerhin 40 Prozent der Befragten nichts mehr dabei, die Jungfräulichkeit vor der Ehe zu verlieren, zumindest wenn wahre Liebe im Spiel sei, allerdings hatten Studentinnen wesentlich mehr Bedenken als ihre männlichen Kommilitonen. Als einige Universitäten begannen, Kondomautomaten auf dem Campus aufzustellen, um Studierende vor ungewollten Schwangerschaften und Geschlechtskrankheiten zu schützen, war das umstritten.

Doch das Bild einer verklemmten Gesellschaft ist vielleicht zu einseitig. Schon vor Jahren schrieb eine junge Frau, die sich Mu Zimei nannte, in einem Blog freizügig und abgebrüht über ihr »sehr menschliches Hobby: Vögeln«. Ist sie eine Ausnahme? Oder führen vielleicht junge städtische Chinesinnen ein Doppelleben, haben wilde One-Night-Stands und spielen nur vor ihren Eltern die brave Tochter? Auch Mu Zimei musste die Erfahrung machen, »dass man in China Sex haben, nicht jedoch darüber reden kann«. Sie erregte mit ihrem Blog so viel Aufsehen, dass die Regierung eingriff, ihn 2003 schloss und die Veröffentlichung in Buchform verbot. (In Deutschland erschienen die Aufzeichnungen jedoch 2007 unter dem Titel *Mein intimes Tagebuch*.)

Der Staat mischt sich auch in diesem Bereich gerne und in letzter Zeit wieder verstärkt erzieherisch in das Leben seiner Bürgerinnen und Bürger ein. Pornografie und Prostitution sind offiziell verboten, auch wenn japanische Pornos kursieren und es faktisch überall zwielichtige Karaokebars und zweifelhafte Friseur- und Massagesalons gibt. Die Anzahl der Männer, die eine Geliebte haben bzw. eine Zweitfrau aushalten, hat mit der Öffnungspolitik wieder stark zugenommen. Doch der chinesische Staat glaubt immer noch, seine Untertanen »beschützen« zu müssen. Sex ist ein Zensurgrund. Im Fernsehen werden erotische Szenen aus ausländischen Filmen herausgeschnitten, sodass Paare nach dem ersten Kuss nicht selten die Nacht überspringen und gleich am Frühstückstisch sitzen. 2015 traf es auch das chinesische Historiendrama *Die Legende von Wu Meiniang*. Die Dekolletés der Frauen waren dem Rundfunkamt zu tief, angeblich hätten sich Zuschauer beschwert, dass die »ungesunden« Bilder für Minderjährige schädlich seien. Die Serie wurde für einige Tage aus dem Programm genommen und nachbearbeitet: Man zoomte die Köpfe der Frauen in den beanstandeten Szenen heran, sodass die Brustansätze im Bild nicht mehr zu sehen waren. In der Internetgemeinde erhielt die Serie daraufhin den Namen »Die Legende von der Konkubine mit dem großen Kopf«.

IN CHINA IST DER FAMILIENSTAND KEINE PRIVATANGELEGENHEIT

Eine junge Frau hat gerade ihren Uniabschluss gemacht, stolz kommt sie mit dem Zertifikat zu ihrer Großmutter. Doch diese will nur eines wissen: »Bist du schon verheiratet?« Immer wieder stellt sie diese Frage in den folgenden Szenen, während sie zusehends hinfälliger wird. Da wird der Enkelin klar, dass sie nicht mehr warten darf. Am Ende sitzt sie im Brautkleid, den Ehemann an ihrer Seite, im Krankenhaus am Bett der Großmutter und strahlt sie liebevoll an: »Oma, ich bin verheiratet.« Eine große chinesische Dating-Plattform warb 2014 mit diesem Video und dem Satz: »Der Liebe wegen, warte nicht zu lang.« Gemeint war wohl die Liebe zur Großmutter. Im Netz entrüsteten sich viele über das Filmchen, es vertrete altmodische Werte und sei diskriminierend. Doch in einigen Stellungnahmen wurde auch deutlich, wie stark der familiäre Druck erlebt wird. »Nicht verheiratet sein = keinen Wert haben, keine Kindesliebe an den Tag legen, es zeigt, dass meine Mutter mich nicht gut erzogen hat, dass meine Schulbildung und mein Studium zu nichts gut waren«, beschreibt eine Userin die Situation. Wenn sie das Frühlingsfest bei den Eltern verbringe, komme sie sich vor wie auf einer Kampfsitzung während der Kulturrevolution.

Eine Familie zu gründen und Nachkommen zu zeugen, um die Familienlinie fortzuführen, gilt in der konfuzianischen Tradition als wichtigste Kindespflicht. Eltern, deren Kinder nicht verheiratet sind, müssen sich nicht nur mit ihrer persönlichen Enttäuschung auseinandersetzen, sondern auch mit dem gesellschaftlichen Gesichtsverlust. Denn alle Verwandten und Bekannten werden sie ständig danach fragen und ihr Kind mit denen anderer Eltern vergleichen. Diesen Druck geben sie weiter. An das einzige Kind, das sie (in der Regel) haben.

Für Frauen ist das Zeitfenster für die Partnerwahl besonders klein, was den Druck erhöht. Ab Mitte 20 wird es schon kritisch, ab Ende 20 tragen sie das gesellschaftliche Stigma, eine *shengnü* eine »übriggebliebene Frau« zu sein. Dabei trifft es gerade die gut ausgebildeten, beruflich erfolgreichen Frauen. Sie haben hohe Ansprüche an ihren Partner. Da Frauen auch in China traditionell lieber jemanden heiraten möchten, der auf Augenhöhe ist oder zu dem sie aufschauen können, während Männer gerne auch zu sich aufschauen lassen, bleiben am Ende vor allem die Frauen am oberen Ende der sozialen Skala übrig – und die Männer am unteren Ende. Bei diesen kommt erschwerend der Männerüberschuss hinzu, bedingt durch die Mischung aus Ein-Kind-Politik und traditioneller Bevorzugung männlicher Nachkommen. Etwa 30 Millionen Männer werden in China rein rechnerisch keine Frau finden und ihrer Kindespflicht nicht nachkommen können (siehe Kapitel 27, S. 120), bitter für den Einzelnen, aber auch ein gesellschaftliches Problem. Teilweise hat sich inzwischen sogar eine Art Menschenhandel (auch mit Nachbarstaaten) etabliert, bei dem unverheiratete Frauen mit falschen Versprechungen »überredet« oder gegen ihren Willen entführt und zu Ehen mit chinesischen Männern gezwungen werden.

Um eine Heirat zu ermöglichen, kaufen viele Eltern, wenn sie es sich irgendwie leisten können, Wohnungen und Autos für ihre Söhne, um deren Chancen zu verbessern, sie arrangieren Blind Dates und preisen ihre Kinder auf Heiratsmärkten an, die es zu Tausenden in den Parks und Straßen chinesischer Städte gibt. Auf kopierten und handgeschriebenen Zetteln stehen die wichtigsten Daten: Alter, Größe, Gewicht, Schulbildung, Beruf, Einkommen, Auto, Wohneigentum, Haushaltsregistrierung (siehe Kapitel 41, S. 183). Der Erfolg ist zweifelhaft, die Kinder wissen oft gar nichts davon. Sie tummeln sich derweil auf Dating-Plattformen und Dating-Events, die oft in Einkaufszentren veranstaltet werden und mit Musik, neckischen Spielchen oder auch Salsa-Tanz dazu beitragen sollen, dass sich die Geschlechter näherkommen und ihre Schüchternheit abbauen. Einige der großen Dating-Firmen bieten auch gleich noch die Hochzeitsplanung mit an. Der Markt boomt.

Aber allmählich regt sich auch Widerstand, vor allem von Frauenseite. Schon 2012 erschien, auf Anregung eines chinesischen Verlages, der Lebensratgeber *Heirate nicht vor 30* von Joy Chen, einer erfolgreichen US-Amerikanerin mit chinesischen Wurzeln. Ein Bestseller. Eine private Initiative, die Anti-Marriage Pressure Union, mietete mithilfe von Crowdfunding eine Werbetafel an einer Pekinger U-Bahnstation – natürlich zum Frühlingsfest – und platzierte dort ein Plakat, das sich direkt an die Eltern wendete: »Liebe Mama, lieber Papa. Die Welt ist groß. Es gibt viele verschiedene Arten zu leben. Singles können auch glücklich sein.« Das Plakat wurde im Netz vielfach geteilt und kann, so hofft die Initiatorin der Gruppe, das Gespräch zwischen Eltern und Kindern anregen. Eine japanische Kosmetikmarke sprang auf den Trend auf und drehte 2016 ein Video *(The matchmaking takeover)*, in dem Frauen darüber sprechen, wie sehr sie als Singles unter dem sozialen Druck leiden. Am Ende kommt es zu tränenreichen Versöhnungen mit den Eltern. Man kann die Konfrontation mit der Familie natürlich auch vermeiden, indem man sich über das Internet einen Freund oder eine Freundin für die Familienfeste mietet (siehe Kapitel 36, S. 164), aber die meisten Unverheirateten wünschen sich doch, dass die Familie ihren Lebensstil einfach respektiert und sie mit der ewigen Frage »Bist du schon verheiratet?« in Ruhe lässt.

Eine Bevölkerungsgruppe, für die der Heiratsdruck besonders schlimm ist, weil sie nicht in das normative Familienbild passen, sind homosexuelle Männer und Frauen. Die meisten verschweigen ihren Familien ihre Veranlagung. Man geht davon aus, dass 80 bis 90 Prozent der schwulen Männer in China heterosexuelle Frauen heiraten (in den USA sind es nur etwa 15 bis 20 Prozent), wobei die Frauen vor der Ehe meist völlig ahnungslos sind. Für sie wurde ein eigenes Wort geprägt, *tongqi* (»Homo-Frau«). Ihre Zahl beläuft sich auf schätzungsweise 16 bis 25 Millionen. Mittlerweile fangen *tongqi* an, sich untereinander zu vernetzen und zu organisieren.

DAS FRÜHLINGSFEST IST IN CHINA KEINESWEGS NUR FRIEDE-FREUDE-JIAOZI

In der Werbung sieht alles so schön aus: rote Lampions und Feuerwerk, Spruchbänder mit glücksverheißenden Schriftzeichen, glückliche Familien, mindestens drei Generationen, die an einem runden Tisch das Zusammensein mit einem leckeren Essen feiern, Tränen der Rührung …

Aber die Wirklichkeit ist kein Werbeclip. Die realen Probleme beginnen schon bei der Anreise. Das Neujahrs- oder Frühlingsfest, *chunjie*, ist das wichtigste Fest in China, es findet an Neumond zwischen dem 21. Januar und dem 20. Februar statt. Rund 14 Tage vorher setzt die größte Völkerwanderung der Welt ein, *chunyun*,

»Frühlingsbewegung« genannt. Viele Menschen leben nicht mehr dort, wo sie herkommen. Es gibt allein rund 290 Millionen Wanderarbeiterinnen und -arbeiter, die ihre Dörfer, Eltern und oft auch ihre Kinder zurückgelassen haben, um in den Städten ihr Glück zu versuchen (siehe Kapitel 41, S. 183). Für manche ist das Frühlingsfest die einzige Zeit im Jahr, in der sie zurückkehren. Hunderte Millionen Menschen, beladen mit Geschenken, machen sich also gleichzeitig auf den strapaziösen Weg »nach Hause«. Züge und Busse sind hoffnungslos überfüllt, Tickets schon Wochen vorher ausverkauft. Es soll sogar Leute geben, die ins Ausland fahren, um von dort noch ein Ticket in ihre Heimatstadt zu ergattern.

Die Erwartungen sind entsprechend hoch, das ist solchen Familienfesten vermutlich überall auf der Welt gemeinsam. Verwandte, die sich lange nicht gesehen haben, treffen auf engem Raum aufeinander. Das kann schön sein, aber auch enttäuschend oder gar konfliktträchtig. Gerade in China gibt es genug familiären Zündstoff. Das Land hat sich in den letzten 30 Jahren so extrem verändert, dass Lebensweisen und Ansichten von Eltern und Kindern oft weit auseinanderklaffen. In solchen Situationen helfen Traditionen und Rituale, die Lage zu entschärfen. Den Abend vor Neujahrsbeginn verbringen viele Familien gemeinsam vor dem Fernseher und sehen sich die traditionelle Silvestershow an. Die Gala, eine Mischung aus Unterhaltung und politischer Propaganda, wird seit 1983 ausgestrahlt und gilt mit rund 700 Millionen Zuschauern als meistgesehene Fernsehsendung der Welt. Sie liefert unverfänglichen

Diskussionsstoff und wird auch in den sozialen Medien eifrig kommentiert. Überhaupt sind die allgegenwärtigen Smartphones gerade für junge Leute ein gutes Mittel, um sich den Verwandten zu entziehen und gleichzeitig »anwesend« zu sein. Wo es noch nicht aus Sicherheitsgründen verboten ist, können Knallfrösche und Feuerwerk böse Geister vertreiben. Auch gemeinsames Shoppen kann entlasten, traditionell kauft man sich ohnehin zum Frühlingsfest neue Kleider. Die Kaufhäuser haben während der Feiertage geöffnet und bieten besondere Rabatte an. Und Geld ist auch da, denn die Kinder und Enkel haben ihre roten Umschläge mit Geldgeschenken erhalten, die *hongbao*. Die wichtigste Tradition in China ist aber natürlich das gemeinsame Essen mit den Verwandten. Früher war es – vor allem im Norden – üblich, am Silvesterabend gemeinsam *jiaozi*, chinesische Teigtaschen, zuzubereiten. Heute scheuen viele die Arbeit, und wer es sich leisten kann, lädt die Familie lieber in ein Restaurant an. Was ein teures Vergnügen ist, denn die Preise von Gaststätten und Hotels ziehen um diese Zeit gehörig an. Spätestens dann, am gemeinsamen Tisch, kann man potenziell unangenehmen Fragen nicht mehr ohne Weiteres ausweichen. Jüngere Kinder werden nach ihren Schulnoten gefragt, von Hochschulabsolventen will man wissen, ob sie schon einen guten Job gefunden haben und wie viel sie verdienen. Und junge Ehepaare müssen Rede und Antwort stehen, warum immer noch kein Nachwuchs in Sicht ist. Dem meisten Druck sind aber wohl Singles ausgesetzt (siehe Kapitel 35, S. 159). Das Frühlingsfest ist auch die Zeit der Blind Dates, die wohlmeinende Familienmitglieder für Kinder, Freunde und Verwandte organisieren, um sie unter die Haube zu bringen. Rund vier bis sechs solcher Termine müssen Singles, einer Internetumfrage zufolge, während der Festtage über sich ergehen lassen. Manche sind für diese Unterstützung ganz dankbar. Für die anderen gibt es neue Möglichkeiten, sich dem Druck zu entziehen. Junge Männer bieten im Internet gegen Geld ihre Dienste als »Freund« für die »nicht mehr ganz junge Dame an«, falls die Nachfragen der Verwandtschaft gar zu penetrant werden sollten. Was zeigt, dass in China nicht nur das Konfliktpotenzial, sondern auch die Kultur der Konfliktvermeidung deutlich stärker ausgeprägt ist als in Deutschland.

Traditionell endet das Frühlingsfest nach zwei Wochen, die meisten haben aber nur sieben Tage Urlaub und müssen schon früher zurückfahren. Einige werden traurig sein, manche erleichtert aufatmen. Bis zum nächsten Jahr.

IN CHINA FEIERT MAN CHRISTMAS BEIM KARAOKE

Ein einsamer Weihnachtsbaum steht im Hotelflur und blinkt tapfer vor sich hin, über ihm ein buntes Spruchband, auf dem – etwas verblasst – noch »*Merry Christmas*« zu erkennen ist. Es ist August. Hat man die beiden vergessen? Aber nein, in vier Monaten sind sie wieder völlig up to date, die Zeit arbeitet für sie. Die Spruchbänder, die man zum chinesischen Frühlingsfest rechts und links neben die Wohnungstüren klebt, bleiben schließlich auch das ganze Jahr über hängen.

Auch wer in Deutschland nicht in die Kirche geht, weiß zumindest, dass Weihnachten ursprünglich ein religiöses Fest ist und mit der Geburt von Jesus zu tun hat.

Vor allem aber ist es für die meisten bei uns DAS Familienfest schlechthin, untrennbar verbunden mit (guten oder schlechten) Kindheitserinnerungen, Familientraditionen, Plätzchenduft, Weihnachtsmarkt, bestimmten Liedern etc. Für die meisten Menschen in China dagegen ist weder der religiöse Hintergrund des Festes klar, noch verbindet sich damit für sie eine persönliche Geschichte. Die meisten feiern es deshalb auch gar nicht. Aber in den großen Städten, vor allem an der Ostküste, wird Weihnachten immer populärer. Doch was bleibt ohne Religion und Tradition? Richtig: Kommerz! Weihnachten ist in China das Fest der Shoppingmalls und Einkaufszentren mit Sonderrabatten und verlängerten Öffnungszeiten. Aufwendige Dekorationen und Plastikbäume, die unter der Last der blinkenden Lichter kaum mehr zu sehen sind, sollen die Käuferinnen und Käufer in die richtige Stimmung bringen. Dazu dudelt Weihnachtsmusik und auch ein Weihnachtsmann darf nicht fehlen. Selbst in vielen Supermärkten tragen die Kassiererinnen ab Ende November rote Nikolausmützen. Was manchmal den Unmut der älteren Generation hervorruft, schließlich sei das keine chinesische Tradition. Es sind denn auch eher die jungen Leute, die feiern. Weihnachten ist modern und trendy. Anders als beim familienbelasteten Frühlingsfest muss man sich hier keiner Tradition beugen und kann unbeschwert mit Freundinnen und Freunden im klassischen Dreiklang Essen-Karaoke-Shopping feiern. Manche Paare begehen es auch als eine Art Valentinstag mit einem romantischen Essen zu zweit. Allerdings muss man, zumindest in Festlandchina, in dieser Zeit ganz normal arbeiten, während es in Macao und Hongkong wegen der portugiesischen bzw. englischen Prägung zwei offizielle Feiertage gibt.

Übrigens hat China auch einen eigenen Weihnachtsbrauch hervorgebracht: den Weihnachtsapfel. Der Ursprung ist, wie so oft, auf den Gleichklang chinesischer Wörter zurückzuführen (siehe Kapitel 7, S. 37). *Ping'an* heißt »Frieden«, *pingguo* »Apfel«, *ping'anye*, der »Friedensabend«, ist der Heiligabend. Und *ping'anguo* wurde flugs zum »Friedensapfel« und wird zu Weihnachten verschenkt. Natürlich handelt es sich beim *ping'anguo* nicht einfach nur um einen Apfel. Er ist mit Sprüchen und Herzen verziert und kommt oft aufwendig verpackt daher. Auch aus einem schlichten Apfel lässt sich eben noch eine Geschäftsidee zaubern.

Übrigens

China hat vielleicht keine eigene Weihnachtstradition, aber rund zwei Drittel der weltweiten (!) Weihnachtsdekoration werden in China hergestellt, und zwar in einer einzigen Stadt, im ostchinesischen Industrieort Yiwu, auch »Chinas Weihnachtsdorf« genannt.

CHINESISCHE HOCHZEITSFOTOS SIND EIN STRESSTEST FÜR DIE BEZIEHUNG

In China gibt es eine relativ einfache, wenn auch nicht unbedingt kostengünstige Methode, um herauszufinden, ob der Auserwählte der richtige Partner ist, mit dem man auch mal schwierigere Zeiten in der Beziehung überstehen kann: die Hochzeitsfotografie. Diesen Stresstest führt das Paar meist schon mehrere Wochen oder Monate vor der Hochzeit durch, und wenn alles gut geht, kann es den Gästen beim Fest bereits die schönsten Bilder präsentieren, gerne als Lightshow.

Unzählige Agenturen sind auf diese Simulation von Romantik spezialisiert, bei mehr als zehn Millionen Hochzeitspaaren pro Jahr ist es ein lukratives Geschäft.

In jedem Park drängen sich im Frühling Paare in Hochzeitskleidung vor den jeweils blühenden Bäumen und warten geduldig, bis sie dran sind und sich auf Anweisung verliebt in die Augen sehen dürfen. Unter den weißen Brautkleidern lugen nicht selten Jeans und Turnschuhe hervor, geht man näher heran, sieht man auch die Sicherheitsnadeln, mit denen das Kleid in Form gebracht wurde. Denn in der Regel ist es nicht das eigene, sondern wird von der Agentur gestellt. Vor dem eigentlichen Fotoshooting muss ein Paar erst einmal unter Hunderten von Kostümen eine Auswahl treffen und auch das jeweils passende Setting festlegen. Ein erster Test, ob man eine gemeinsame Vorstellung davon hat, wie man sich als Paar inszenieren möchte. Möglich ist vieles, mondänes Hollywood, der Traum in Weiß, das hochgeschlitzte chinesische Etuikleid im Stil der 1920er Jahre in Shanghai oder die Tracht eines Hofbeamten aus der Kaiserzeit. Während des Shootings, das ein bis zwei Tage dauert, wechselt das Paar ständig die Zeiten und Welten. Während man früher im Studio fotografierte, bevorzugen viele heute die aufwendigeren Außenaufnahmen. Vor allem Städte am Meer oder exotische Architektur, wie europäische Kirchen, bilden einen beliebten Hintergrund. Die meisten Inszenierungen lassen an Kitsch nichts zu wünschen übrig, es gibt sogar »Themenparks« mit Rosengirlanden und Lichterbögen, und nachts im Mondenschein lässt sich ein Brautkleid wunderbar mit LED-Sternen garnieren. Manche mögen es natürlich auch ein bisschen moderner und frecher: Ein Paar vor einem Café an einem Tischchen himmelt sich an. Sie trägt, quasi als Zitat, einen Tüllrock über der Jeans, er eine coole Sonnenbrille. Es könnte Paris sein. Und um diesen Eindruck zu vertiefen, hat die Braut einige Papiertüten mit dem Aufdruck »Chanel« am Arm. Wer es sich leisten kann, fährt gleich zum Original. Vor allem Paris, das auch in China als Inbegriff einer romantischen Stadt gilt, profitiert von der *pre-wedding photography*, die von asiatischen Agenturen organisiert wird.

Ob in China oder Paris, so ein Fotoshooting ist harte Arbeit. Man ist den ganzen Tag unterwegs, wird stundenlang frisiert und geschminkt, muss in unnatürlichen Posen verweilen und dabei verliebt aussehen und lächeln. Chinesische Frauen sind darin geübt, vor der Kamera zu posen, aber für die Männer, die sonst eher den Finger am Drücker haben, ist so ein Tag ein echter Liebesbeweis und zeigt, dass sie es ernst meinen.

Der ganze »Spaß« kostet, je nach Aufwand, 1.000 Euro und mehr. Dafür bekommt man dann rund 150 Bilder, auf denen teilweise Hautunreinheiten und kleine Fettpölsterchen schon wegretuschiert wurden. Goldene Rahmen, Alben und weiteres Zubehör kann man dazukaufen. Und man hat gemeinsame Erinnerungen daran, wie man gefröstelt hat, fast ins Wasser gefallen wäre und sich am Ende des Tages erschöpft in die Haare gekriegt hat.

Hochzeitsfotos dieser Art gibt es erst seit den 1980er Jahren, vorher war Heiraten in China eine eher unromantische Angelegenheit. Doch wer bedauert, seinerzeit im Mao-Anzug geheiratet zu haben, um nicht eines bourgeoisen Lebensstils verdächtigt zu werden, kann das

Versäumte heute nachholen. Falls man seine Figur nicht mehr schön genug findet, kann man seinen Kopf auch einfach auf andere Körper montieren lassen.

WARUM MAN EINE CHINESISCHE HOCHZEITSTORTE NICHT UNBEDINGT ESSEN SOLLTE

Durch künstliche Blumenranken schreitet die Braut im bodenlangen weißen Kleid am Arm ihres Vaters durch den Raum. Ein junger Mann im festlichen Anzug geht ihr entgegen, kniet vor seiner Angebeteten nieder, in der einen Hand einen Blumenstrauß, in der anderen ein Mikro, und gesteht ihr seine Liebe. Dann führt er sie zu einem mit Blütenblättern bestreuten Podest. Im Hintergrund leinwandfüllend wahlweise der beleuchtete Innenraum einer Kathedrale, eine Blumenwiese oder auch eines der vorproduzierten Hochzeitsbilder (siehe Kapitel 38, S. 171). Ein Profifotograf umkreist das Paar, gezückte Handys, Applaus. Eine moderne chinesische

Hochzeitsfeier ist eine aufwendige, teure und ziemlich kitschige Angelegenheit. Und ein gutes Beispiel für die Verquickung von Alt und Neu, Ost und West, Romantik und Pragmatik.

Während die eigentliche Eheschließung auf dem Amt eine unspektakuläre Angelegenheit ist, wird für die Hochzeitsfeier zunächst einmal ein Wahrsager konsultiert, der aus den Geburtsdaten des Brautpaares einen Glück verheißenden Tag errechnet. Ein Hochzeitsunternehmen kümmert sich dann um den Raum, die Deko, das Essen und den gesamten Ablauf. Schließlich werden oft mehrere Hundert Gäste erwartet. Das Brautpaar kennt meist nur einen Teil davon, denn neben der Familie und den Freundinnen und Freunden kommen auch Bekannte, Arbeitskollegen und Vorgesetzte der Eltern und Schwiegereltern. Eine Hochzeit ist eine gute Gelegenheit, das Beziehungsnetz (siehe Kapitel 5, S. 30) zu pflegen und zu festigen. Vor unerwünschten Geschenken, die völlig am eigenen Geschmack vorbeigehen, muss man bei dieser Gelegenheit ausnahmsweise keine Angst haben. Die Gäste geben gleich beim Einlass ihren roten Umschlag mit Geld ab bzw. scannen den aufgestellten QR-Code ein und bezahlen per Smartphone. Alle Eingänge werden sorgfältig registriert und manchmal sogar schon während der Party öffentlich an die Wand projiziert.

Die eigentliche Zeremonie ist eine Mischung aus traditionellen Bräuchen und neuen Ritualen, wie man sie aus amerikanischen Filmen kennt. Dazu gehören das weiße Kleid, der Ringtausch, der in die Menge geworfene Brautstrauß, eine mehrstöckige Hochzeitstorte und eine Champagnerpyramide. Was zählt, ist die Geste, der Schein. Der Champagner besteht vielleicht nur aus Sprudelwasser, niemand wird davon trinken, die feierlich angeschnittene Hochzeitstorte ist möglicherweise kein Kuchen, sondern Deko. Das herausgeschnittene Stück wird später wieder eingefügt und die Torte bei der nächsten Hochzeit wiederverwendet. Dass das Paar den Eltern Tee serviert und ihren Segen erbittet, gehört dagegen zur Tradition, ebenso wie Feuerwerk und das rote Kleid, das die Braut irgendwann anzieht. Die Hauptsache ist – natürlich – das Essen. Während es sich die Gäste an runden Tischen schmecken lassen, geht das Brautpaar von Tisch zu Tisch, bedankt sich für das Kommen, stößt mit allen an und verteilt Bonbons und Zigaretten. Auf der Bühne derweil Reden, allerlei Gesang, vielleicht ein Musiker. Das Ende kommt schnell und unspektakulär. Wenn das Paar endlich selbst zum Essen kommt, machen sich die ersten Gäste schon wieder auf den Weg, die Kellner fangen an aufzuräumen und die Deko, inklusive mehrstöckiger Torte, wird sorgfältig für die nächste Hochzeit eingepackt.

Aber

Es gibt mittlerweile auch eine zunehmende Zahl junger Paare, die keine Lust auf diese Show haben oder sie sich schlicht und einfach nicht leisten können, und stattdessen eine »nackte« Hochzeit feiern. Damit ist keine FKK-Party gemeint, sondern eine Heirat ohne Ringe, ohne Zeremonie, ohne Flitterwochen und ohne dass die »Grundvoraussetzungen« für eine Ehe, eine eigene Wohnung und ein Auto, vorhanden sind. Viele sehen darin auch eine Art Rebellion gegen die pragmatische Herangehensweise der älteren Generation, ein Statement für die »wahre« Liebe. Als Appell dafür nahmen 2015 zehn Paare in Hangzhou das Motto wörtlich und gaben sich nur in Unterwäsche und mit Körperbemalung in einem Vergnügungspark das Ja-Wort.

CHINESINNEN LASSEN SICH NACH EINER GEBURT ERST EINMAL RICHTIG VERWÖHNEN

Sich einen Monat lang nicht duschen? Nicht die Haare waschen, keine Zähne putzen und nicht vor die Tür gehen? Nicht einmal lüften? So war es zumindest früher einmal. Der *zuoyuezi* der »Sitzmonat« nach einer Geburt, hat in China eine jahrhundertelange Tradition. Damals hatte man keinen Fön und kein geheiztes Badezimmer, und die junge Mutter sollte in ihrem geschwächten Zustand vor Kälte und möglichen Folgekrankheiten bewahrt werden. Inzwischen haben sich die hygienischen Vorstellungen etwas verändert. Auf dem Land beharren vielleicht die älteren Frauen noch auf den Traditionen, aber je größer die Stadt ist, in der eine Frau lebt, desto mehr kann sie die Regeln an moderne Zeiten anpassen. Trotzdem gilt immer noch, dass die Wöchnerin nicht aus dem Haus gehen und sich warm halten sollte, eine zusätzliche Bettdecke ist empfehlenswert, die junge Mutter sollte warme Kleidung anziehen, die Haare am besten mit warmem Ingwer-Wasser waschen und anschließend sofort trocknen. Kalte Getränke und kaltes oder rohes Essen sind in dieser Zeit tabu. Für die Zahnpflege gibt es spezielle Zahnbürsten mit sehr weichen Borsten, um die Zähne nach der Geburt zu schonen.

Der *zuoyuezi* ist aber nicht in erster Linie eine Einschränkung mit vielen unsinnigen Regeln. Es geht vor allem darum, der Wöchnerin einen Schutzraum zu schaffen. In dieser Zeit ist sie von jeder Arbeit befreit. Sie muss sich nicht um den Haushalt kümmern, nicht kochen, nichts erledigen, sondern darf sich einfach nur ausruhen und erholen. Und ganz allmählich lernen, mit ihrem Baby umzugehen. Eine Situation, die sich sicher auch viele westliche Frauen nach einer Geburt wünschen würden. Traditionell werden in China die Eltern schon vor dem errechneten Geburtstermin anreisen, bei der jungen Familie wohnen und sich um alles kümmern. Den jungen Vätern traut man die alleinige Betreuung der Frau anscheinend nicht zu, außerdem müssen sie arbeiten gehen.

Es kann aber natürlich sein, dass die Eltern weit weg wohnen oder anderweitige Verpflichtungen haben und nicht kommen können. In diesem Fall kann die junge Familie eine professionelle Hilfe extra für diesen Monat, eine *yuesao*, einstellen. Allerdings muss man für diesen

Service, je nach Berufserfahrung und Stadt, 1.000 bis 2.000 Euro hinblättern. Oft sind es etwas ältere Frauen vom Land, die selbst schon ein oder mehrere Kinder geboren haben. Statt für einen Hungerlohn in einem Restaurant als Hilfskraft anzuheuern, können sie in dieser Profession mehr verdienen als ein höherer Büroangestellter. Der *yuezi*-Markt ist ein boomendes Geschäft, mittlerweile haben sich diverse Agenturen etabliert, die auch Weiterbildungskurse anbieten. Dort lernen die *yuesao* medizinisches Basiswissen, Babymassage, aber auch Kenntnisse für die psychologische Betreuung der Wöchnerin und spezielle Kochrezepte. Denn traditionelle Gerichte wie Fleischsuppen, Schweinefüße und viel Ingwer sollen die junge Mutter heilen, ihr Energie zurückgeben und den Milchfluss anregen. Der Staat versucht inzwischen den *yuezi*-Markt zu regulieren, indem er ein Sternesystem wie bei Hotels eingeführt hat, das die Agenturen klassifiziert und den Eltern Kriterien für die Auswahl an die Hand geben soll.

Während des *zuoyuezi* wohnt die *yuesao* bei der Familie. Sie versorgt den Haushalt, kocht, kümmert sich um das Baby, badet es und steht nachts auf, wenn es schreit. Obwohl es teuer ist, leisten sich viele junge Eltern diesen Luxus. Sie haben normalerweise keine Erfahrung mit kleinen Kindern und trauen sich selbst diese Aufgabe nicht ohne Weiteres zu. Eine Fachkraft, die ihnen helfen und sie anleiten kann, gibt ihnen Sicherheit.

Wöchnerinnen, die es noch etwas anonymer und luxuriöser mögen, können auch in eines der *yuezi*-Zentren gehen, die gerade überall entstehen. Das ist dann fast schon eine Art Luxusurlaub, ein Spa-Ressort, in dem sich die junge Frau erholen kann. Eine Pflegerin wickelt das Kind und hilft, wenn es Probleme mit dem Stillen gibt, ein Ärzteteam ist immer vor Ort, im hauseigenen Restaurant gibt es das passende Essen. Allerdings ist diese Lösung wirklich nur etwas für wohlhabende Paare. So ein Wochenbett-Spaß kann schon an die 15.000 Euro kosten. Aber die meisten Frauen werden nur einmal in ihrem Leben diese Gelegenheit haben, sich wie eine Königin verwöhnen zu lassen. Das sollten sie nutzen.

GROSSELTERN ERSETZEN IN CHINA DIE KITA – ODER GLEICH DIE ELTERN

Auf dem Werbeplakat einer Versicherung ist eine glückliche chinesische Familie abgebildet, deren Mitglieder jeweils schützend ihre Hände wie ein Dach über die anderen halten. Der kleine Sohn ganz unten beschützt das Haustier, dann kommen interessanterweise zunächst die Großeltern, die über ihn wachen, und darüber dann die jungen Eltern. (Und über allen wacht natürlich die Versicherungsfirma.)

Tatsächlich sind die Großeltern eine der wichtigsten Stützen für junge Familien und haben einen großen Anteil an der Erziehung der Kinder, manchmal liegt die Verantwortung sogar ganz auf ihren Schultern. Zum

Beispiel wenn Eltern auf dem Land ohne ihre Kinder als Wanderarbeiterinnen und -arbeiter in die Städte gehen. Viele sehen keine andere Möglichkeit, um Geld zu verdienen, die Familie zu versorgen und ihren Kindern die Chance auf ein besseres Leben zu bieten. Insgesamt gibt es rund 60 Millionen solcher zurückgelassener Kinder, in manchen Dörfern leben nur noch die Alten und die ganz Jungen. Die Großeltern tun sicher ihr Bestes, doch oft sind sie zu alt oder krank und haben weder die Zeit noch die Bildung, sich um die Bedürfnisse ihrer Enkelkinder ausreichend zu kümmern und sie zu fördern. Dieser Missstand ist auch politisch verursacht. Viele Eltern würden ihre Kinder gerne mitnehmen, doch durch das chinesische Haushaltsregistrierungs-System *(hukou)* können Gesundheitsversorgung und soziale Leistungen – und dazu gehört auch der Schulbesuch – normalerweise nur dort in Anspruch genommen werden, wo man geboren und registriert ist. So sehen die Eltern ihre Kinder nicht selten nur einmal im Jahr zum Frühlingsfest. Sie sind sich fremd geworden, und wenn nach ein paar Tagen das Eis bricht, müssen die Eltern schon wieder zurück, in die Städte, in die Fabriken. Oder um als *ayi* fremde Kinder zu betreuen.

Denn auch in der Stadt muss sich jemand um die Kinder kümmern. Die meisten Frauen gehen vier Monate nach der Geburt wieder arbeiten, die Kindergärten sind erst für Drei- bis Sechsjährige. Dazwischen klafft eine Lücke. Eine *ayi* ist eine Alternative. Doch sie ist relativ teuer, und viele möchten ihr Kind in diesem Alter noch nicht völlig Fremden anvertrauen. Wenn es möglich ist, wird also auch in den Städten vorzugsweise auf die Großeltern zurückgegriffen, mit einer Selbstverständlichkeit und in einem Ausmaß, das im Westen verwundert. Junge Paare gehen ohne Weiteres davon aus, dass Eltern und Schwiegereltern, selbst wenn sie weit entfernt leben, wochen- und monatelang abwechselnd vorbeikommen, um das Baby zu betreuen und sich nebenbei um den Haushalt zu kümmern. Sie haben sogar das Gefühl, den Eltern etwas Gutes zu tun, schließlich sind die meisten schon in Rente und haben auf diese Weise eine sinnvolle Aufgabe.

Harte Fakten

China hatte lange Zeit das früheste Renteneintrittsalter weltweit, was die Kinderbetreuung durch die Großeltern erst ermöglicht hat. Inzwischen wurde es wegen des demografischen Wandels angehoben und liegt im Moment für Frauen bei 55, für Männer bei 60 Jahren.

Nach der Mutterschutzreform von 2012 stehen einer Frau 98 Tage Mutterschutzurlaub zu, 15 Tage vor dem errechneten Geburtstermin, der Rest danach. Daneben hat jede Provinz eigene Regeln, so gibt es in Beijing etwa 128 Tage beim ersten Kind. Teilweise können auch die Väter einige Tage frei nehmen. Außerdem kann man ein paar Monate Stillurlaub beantragen, doch sind die Betriebe nicht verpflichtet, dem zuzustimmen.

Doch natürlich ist so eine Kinderbetreuung durch die Großeltern nicht völlig unproblematisch, denn es stoßen hier Generationen aufeinander, die in ganz unterschiedlichen politischen und wirtschaftlichen Verhältnissen groß geworden sind, und daraus resultierend oft ganz andere Vorstellungen von Erziehung haben. Viele moderne, städtische Eltern lesen Bücher über Kindererziehung und möchten ihr Kind optimal fördern und glücklich machen, sind aber unsicher, wie. Von ihren eigenen Eltern, die noch während der Kulturrevolution oder in deren Ausläufern aufgewachsen sind, können sie dabei nicht viel lernen. Die Pekinger Erziehungsberaterin Zhao Yuanhong rät jungen Eltern, erst einmal mit ihren Eltern über ihre eigene Kindheit und Jugend zu sprechen, um Missverständnisse miteinander zu klären und nicht alte Muster und Verletzungen weiterzugeben. »Erst wenn sie über ihre eigene Kindheit und Jugendzeit Bescheid wissen, wissen sie, wie sie ihren eigenen Kindern genügend Freiraum für ein gesünderes und freieres Erwachsenwerden geben können.« Dass so ein Gespräch nicht gerade einfach ist, weiß man allerdings auch bei uns.

IN CHINA LEGT SICH DIE FAMILIE GERN MIT AUF DIE COUCH

»Mit den Methoden der Psychologie«, so verspricht es die chinesische Ausgabe des Hochglanzmagazins *Psychologies*, helfe man heutigen Frauen, »die sich schnell verändernde Welt zu verstehen, ihr gewachsen zu sein und ein besseres Leben zu führen.« Die Zeitschrift ist in China seit 2006 auf dem Markt und hat sich sehr erfolgreich etabliert. Fernsehshows, in denen Leute vor laufender Kamera von ihren Problemen mit der Kinderziehung oder dem Seitensprung des Ehemanns erzählen, Onlineberatungen, Sorgentelefone, Lebensberatungsbücher – der Markt für Psychohilfe in China boomt.

Das war vor gar nicht so langer Zeit noch völlig anders. Zwar gab es schon in den 1920er Jahren die ersten Übersetzungen von Sigmund Freud, doch das ging in den Wirren von Krieg und Bürgerkrieg unter. Nach der Gründung der Volksrepublik 1949 hatten persönliche Probleme vor der revolutionären Aufgabe zurückzutreten, während der Kulturrevolution galten psychische Störungen gar als Zeichen für moralisches Fehlverhalten und falsches politisches Bewusstsein.

Gut zu wissen

Kulturrevolution

Die Kulturrevolution (1966–1976) war eine von Mao Zedong aus einem innerparteilichen Machtkampf heraus initiierte Kampagne zur Bekämpfung »kapitalistischer und traditioneller Elemente« und mobilisierte vor allem die Jugend. Millionen Menschen wurden verfolgt, gefoltert und aufs Land verschickt, Hunderttausende fanden den Tod. Das Land stürzte ins Chaos, die Wirtschaftsleistung ging zurück, Universitäten und Schulen wurden geschlossen. Viele verloren in dieser Zeit nicht nur das Vertrauen in die Revolution, sondern auch in andere Menschen.

Noch 1980 gab es im ganzen Land nur etwa 4.000 Psychiaterinnen und Psychiater und überhaupt keine psychotherapeutischen Angebote. Mittlerweile ist Psychotherapie offiziell als wissenschaftlich-medizinische Disziplin anerkannt und wird an den Universitäten gelehrt, seit 2013 gibt es ein nationales Gesetz zur psychischen Gesundheit. Maßgeblichen Anteil an der Etablierung psychotherapeutischer Methoden in China hatte dabei eine Gruppe engagierter deutscher Therapeutinnen und Therapeuten.

Gut zu wissen

Die *Zong De Ban* die »Chinesisch-Deutsche Klasse«, führte ab 1997 innerhalb der Deutsch-Chinesischen Akademie für Psychotherapie dreijährige Ausbildungen in Verhaltenstherapie, Systematischer Familientherapie und Psychoanalyse durch und hatte damit entscheidenden Anteil an der Ausbildung chinesischer Therapeutinnen und Therapeuten. Entstanden war das erfolgreiche Projekt Ende der 1980er Jahre aus privater Initiative und persönlichen Kontakten einiger deutscher Psychologinnen und Psychologen der verschiedenen Fachrichtungen. Mittlerweile sind mit Psychosomatik und Paartherapie noch weitere Bereiche hinzugekommen. Wer mehr darüber wissen möchte, dem sei das Buch *»Zhong De Ban« oder: Wie die Psychotherapie nach China kam* empfohlen. Interessant ist in diesem Zusammenhang auch das Buch *Versuch über die moderne Seele Chinas*, in dem die Psychoanalytikerin Antje Haag ihre Erfahrungen als Lehrtherapeutin in diesem Projekt beschreibt.

Der Bedarf an psychologischer Hilfestellung ist groß, auch wenn es – außerhalb einer modernen städtischen Elite – immer noch anrüchig ist oder als Schwäche gilt, sich einer Therapie zu unterziehen. Die ältere Generation hat oft noch mit den Traumata der Kulturrevolution zu kämpfen. Eine Aufarbeitung fand weder gesellschaftlich noch in den meisten Fällen innerfamiliär statt. Als der Spuk nach zehn Jahren vorbei war, kam das Wirtschaftswunder, China öffnete sich der Welt, und man sollte und wollte nach vorne sehen. Die Reform- und Öffnungspolitik Deng Xiaopings veränderte das Land so sehr, dass buchstäblich kaum ein Stein auf dem anderen blieb. Die Gesellschaft wurde wohlhabender, aber auch ungleicher, die Chancen für die Einzelnen stiegen, die persönliche Unsicherheit auch (siehe Kapitel 21, S. 95). In den 1990er Jahren hatte China bei gleichzeitig rasantem Wirtschaftswachstum eine der höchsten Selbstmordraten der Welt. Diese Rate ist zurückgegangen, dafür stieg die Anzahl der psychischen Erkrankungen. Eine Studie zu Glück und Gesundheit in China von 2015 kommt zu dem Schluss, dass vor allem gut ausgebildete Stadtmenschen mittleren Alters, die im Privatsektor arbeiten und wenig Freizeit haben, unglücklich und unzufrieden sind. Bei ihnen sind Ängste und Depressionen besonders verbreitet.

Es bleibt allerdings die Frage, ob sich die aus dem Westen stammenden Psychotherapiekonzepte so ohne Weiteres auf die chinesische Gesellschaft übertragen lassen, eine Frage, die auch unter den deutschen Fachkräften immer wieder diskutiert wurde. Schließlich basieren die Konzepte auf dem (westlichen) Ideal eines unabhängigen, autonomen Individuums. Nun wird die chinesische Gesellschaft zwar zweifellos immer individualistischer, trotzdem ist der Einzelne viel stärker in ein Beziehungsnetz eingebunden, dem er Rechnung tragen muss. Autonomie ist für viele kein erstrebenswertes Ideal und wird von der Umgebung wenig unterstützt. So begleiten in China oft Eltern oder auch Freundinnen und Arbeitskollegen jemanden zur Therapie und mischen sich in die Behandlung ein. Chinesische Therapierende haben ihrerseits viel mehr Schwierigkeiten, sich abzugrenzen, etwa wenn die Hilfesuchenden zu ihrem Beziehungsnetz gehören. Außerdem werden von ihnen als Fachleuten konkrete Ratschläge und schnelle Lebenshilfe erwartet. Warum sollte man sonst so viel Geld bezahlen? Die ausländischen Fachkräfte mussten bald feststellen, dass die reine Lehre ihrer Therapierichtungen für den chinesischen Kontext verändert und sinisiert wurde. Ihre chinesischen Kolleginnen und Kollegen greifen zum Beispiel häufiger erziehend und unterstützend in den Therapieprozess ein. Manche versuchen auch Konzepte aus dem Daoismus oder Konfuzianismus zu integrieren. Überhaupt haben sie anscheinend weniger Probleme, verschiedene Richtungen, die in Deutschland zumindest theoretisch streng voneinander abgegrenzt sind, zu verbinden. Aber in einem Land, in dem Kapitalismus und Kommunismus nicht als unvereinbar gelten, wird man doch wohl auch ein paar unterschiedliche Therapieansätze unter einen Hut bringen können.

HEISSES WASSER UND RÜCKWÄRTSGEHEN GEHÖREN IN CHINA ZU DEN LEBENSVERLÄNGERNDEN MASSNAHMEN

In chinesischen Parks begegnen einem die merkwür-
digsten Leute, oder besser gesagt: Leute, die sich ziemlich merkwürdig verhalten. Sie laufen rückwärts, stoßen
Schreie aus oder schlagen mit den Armen um sich – aber
niemand scheint das komisch zu finden. Schließlich dient
es der Gesundheit. Ein langes Leben, *shou*, ist neben Glück
und Reichtum das wichtigste Lebensziel. Und dafür wird
einiges getan. Vieles davon basiert auf der traditionellen
chinesischen Medizin und ihren Methoden, im Körper
ein Gleichgewicht zwischen Yin und Yang herzustellen.

Zum Beispiel durch die richtige Ernährung. Es gibt
eine Vielzahl von Regeln, welche Nahrungsmittel für

welche Jahreszeit, welche Beschwerden und welche persönliche Konstitution besonders geeignet sind. Nicht immer steht das mit westlichen Vorstellungen von gesunder Ernährung im Einklang. So hält man zum Beispiel nicht viel von Rohkost oder Salaten. Nahrungsmittel sollten gekocht und warm gegessen werden, und das gilt für alle drei Mahlzeiten. Ein kaltes Frühstück und dann auch noch ein kaltes Abendbrot wie in Deutschland, das kann gar nicht gesund sein. Stattdessen gibt es morgens *zhou,* einen stundenlang geköchelten Reis- oder Getreidebrei, der ohne weitere Zutaten nach gar nichts schmeckt. Aber dafür das Qi stärkt.

Die Ablehnung kalter Lebensmittel gilt auch für Getränke. Wer in China ein kaltes Bier trinken möchte, sollte das ausdrücklich bei der Bestellung sagen, sonst wird eher in Zimmertemperatur serviert. Weil es gesünder ist. Das absolute Allheilmittel ist denn auch abgekochtes heißes Wasser *(baikaishui).* Dieses preiswerte chinesische Superfood hilft eigentlich gegen alles, gegen Kopfschmerzen, Magenverstimmungen, Schnupfen, Melancholie, Schlaflosigkeit ... Man kann es immer und überall bekommen, auf Flughäfen und in Büros, im Zug oder in Hotelzimmern. Bus- und Taxifahrer, Fahrstuhlführerinnen und Wachleute, alle haben ihre Thermoskannen neben sich stehen und gönnen sich immer wieder einen Schluck.

Übrigens

Kälte ist generell ein Problem. Das zeigt sich auch an den langen Unterhosen, die bis weit in den Frühling

> hinein getragen werden, und an den ständigen gut
> gemeinten Ratschlagen, sich doch warm anzuzie-
> hen, eine Mütze zu tragen etc. Interessanterweise
> gibt es eine psychische Erkrankung, die sich Frigo-
> phobie nennt. Damit wird die krankhafte, übertrie-
> bene Angst vor Kälte bezeichnet. Sie kommt fast
> nur im chinesischen Kulturkreis vor.

Aber chinesische Gesundheitsvorsorge ist mehr als nur
Essen und Wärme. Auch Massagen gehören dazu und
sind Teil der Alltagskultur. Wer sich jetzt wohltuende Öl-
massagen bei Klangschalenmusik vorstellt, liegt falsch.
Das mag es auch geben, aber die traditionelle chinesische Massage wird in der Regel trocken und über der
Kleidung ausgeübt. Und sie gilt als Gesundheits- und
nicht als Wellnessbehandlung, das heißt, sie tut weh. Da
ist es gut, dass man sich ablenken kann. Oft sitzt man
mit mehreren Leuten in einem Raum, kann sich unterhalten und Tee trinken. Nicht selten läuft ein Fernseher.
Massagesalons gibt es an jeder Ecke, selbst in Parks kann
man sich zwischendurch mal kurz ambulant massieren
lassen.

Überhaupt sind Parks im Grunde Gesundheitszent-
ren. Morgens und abends treffen sich dort Gruppen, um
gemeinsam Tai-Chi zu praktizieren oder zu tanzen. Viele
drehen nach dem Abendessen noch eine kleine Runde,
gönnen sich ein bisschen Bewegung und gehen erfrischt
nach Hause. Auch gemeinsames Singen, Musizieren oder
Kartenspielen tragen sicherlich zum Wohlbefinden bei.
Weniger traditionell, aber gut integriert sind die bunten

Turngeräte, die überall in der Öffentlichkeit herumstehen. Hier kann man vortrefflich seine Beine dehnen, die Hüften drehen und das Schultergelenk mobilisieren. Es ist kein Wunder, dass alte Leute in China oft wesentlich fitter und beweglicher wirken als bei uns. Denn es sind in erster Linie die Älteren, die diese Sportmöglichkeiten nutzen. Tai-Chi wird zwar in der Schule unterrichtet, aber junge Leute verbinden damit Opa und Oma und nicht irgendeine coole Sportart. Die jungen und mittleren Jahrgänge haben ohnehin oft zu viel Stress und keine Zeit, sich um ihre Gesundheit zu kümmern. Kein Wunder, dass Übergewicht, Bluthochdruck und in der Folge Herz-Kreislauf-Erkrankungen in China auf dem Vormarsch sind. Schon die alten Daoisten, die gemeinhin als Meister für langes Leben und Unsterblichkeit gelten, wussten, dass es beim gesunden Leben um mehr als gute Ernährung und Bewegung geht. Man müsse sich vielmehr von der äußeren Welt zurückziehen, um die eigene Mitte, innere Ruhe und Frieden zu finden. Da greifen die meisten dann doch lieber zum heißen Wasser! Das ist einfacher.

ÖFFENTLICHES SCHLAFEN IST IN CHINA AN DER TAGESORDNUNG

Angeblich leidet die chinesische Bevölkerung an Schlafstörungen. Fast 40 Prozent hätten Probleme mit dem Ein- oder Durchschlafen, stellte die Weltgesundheitsorganisation fest. Im Weltdurchschnitt ist es »nur« ein Drittel. Wer in China unterwegs ist, bekommt eher den Eindruck, dass Chinesinnen und Chinesen eigentlich immer und überall schlafen können – außer vielleicht im eigenen Bett.

Angestellte legen den Kopf auf die Arme und schlummern vor ihrem Computer ein, die Frau an der Hotelrezeption schläft über die Empfangstheke gebeugt, der Kellner hat zwei Tische im Gastraum zusammenge-

schoben und macht es sich dort gemütlich, der Markt-
verkäufer sinkt leise schnarchend auf sein Gemüse.
Andere liegen, sitzen oder hocken auf Parkbänken,
im Gras, auf dem Bürgersteig, Fahrer legen sich unter,
neben oder in ihre Autos oder Rikschas. Andere lehnen
sich für ein Nickerchen an die öffentlichen Sportgeräte und gönnen sich zusammengesunken eine kleine
Pause. Manche beherrschen sogar die Kunst, im Stehen, gegen die Wand gestützt oder mit einer Hand in
der Halteschlaufe der U-Bahn, zu schlafen Die kleine
Pause, *xiuxi,* meist mittags nach dem Essen, ist heilig,
und da es sich für die meisten Angestellten bei den weiten Arbeitswegen nicht lohnt, nach Hause zu fahren,
schläft man eben, wo immer man sich gerade befindet.
2019 drehte ein Arbeiter ein Video von seinen schlafenden Kollegen auf einem Sendemast in 50 Metern Höhe.
Schon der bloße Anblick ist schwindelerregend, trotz
der Sicherungsseile. Angenehmer ist da schon die ört-
liche IKEA-Filiale. Die Betten dort laden ja geradezu
dazu ein, es sich gemütlich zu machen. IKEA tolerier-
te dieses Verhalten zunächst, doch als es immer mehr
überhandnahm, verbot die Firma 2015 den Mittags-
schlaf in ihren Einkaufsräumen. Ohne großen Erfolg,
wie man hört.

All diese schlafenden Menschen haben etwas durchaus Sympathisches, der bloße Anblick wirkt entschleu-
nigend und scheint so gar nicht zu all den Berichten
über Turbokapitalismus, Stress und zunehmenden Leistungsdruck zu passen. Wobei die Forschung mittlerweile herausgefunden hat, dass ein Mittagsschläfchen zum

menschlichen Biorhythmus gehört und – zum *power nap* mutiert – sogar die Leistungskurve steigert. Ein bisschen mehr *xiuxi* wäre also vielleicht auch in Deutschland ganz wünschenswert.

Wenn aber Studierende mit Anfang 20 erzählen, dass Schlafen ihr liebstes Hobby ist und sie teilweise bis zu 18 Stunden am Tag diesem Zeitvertreib frönen, dann klingt das schon eher nach Depression. Ein Wunder ist es nicht. Schließlich haben sie die letzten Jahre vor allem damit verbracht, bis spät in die Nacht zu lernen und morgens wieder früh aufzustehen und in die Schule zu gehen (siehe Kapitel 45, S. 200). Manche kommen in den Unterricht, legen die Arme auf den Tisch, vergraben das Gesicht darin und schlafen sofort ein. Vielleicht ist das öffentliche Schlafen also gar nicht ein Beleg für eine entspannte Gesellschaft, sondern zeigt vielmehr den überwältigenden Wunsch, dem Stress für eine kleine Weile zu entkommen.

Die moderne Zeit bietet jedoch neue Fluchtmöglichkeiten und verändert damit auch die *xiuxi*-Kultur: Immer mehr Leute nutzen die Mittagspause nicht mehr für ein Nickerchen, sondern beschäftigen sich in dieser Zeit mit ihrem Smartphone. Ob das die Leistungskurve genauso steigert, muss sich erst noch zeigen.

Übrigens

Der Amateurfotograf Bernd Hagemann hat in mehreren Jahren in China über 700 Fotos von schlafenden Menschen aufgenommen und daraus einen schönen Fotoband gemacht: *Sleeping Chinese*. Eine Auswahl seiner Bilder findet sich auch unter: www.amusingplanet.com/2012/06/sleeping-chinese-peo-ple.html

CHINESISCHE SCHULKINDER SIND AUF HOCHLEISTUNG GETRIMMT

Im ganzen Land herrscht Ausnahmezustand, Baustellen stehen still, der Verkehr wird umgeleitet, vor manchen Gebäuden warten Trauben von Menschen. Worauf? Es ist Anfang Juni, die Zeit des *gaokao*, der landesweiten staatlichen Hochschulaufnahmeprüfung. Millionen von Schulkindern haben sich zwölf Jahre lang auf diese zwei Tage vorbereitet, das letzte Jahr haben sie fast nur noch mit Lernen verbracht. Von dieser Prüfung hängt es ab, ob sie studieren können und wenn ja, an welcher Universität. An die renommiertesten 150 Hochschulen des Landes werden es nur etwa 6 Prozent von ihnen schaffen. An diesem Tag darf nichts schiefgehen. Notfalls bringt die Polizei persönlich die Kinder rechtzeitig zum Prüfungsort. Manche Eltern haben vorsorglich ein Hotelzimmer in der Nähe angemietet. Jetzt stehen sie zwischen den anderen Eltern und warten auf ihre Kinder.

Das *gaokao* ist nur die Spitze eines auf Leistung und Wettbewerb angelegten Erziehungssystems, das teilweise schon vor der Geburt beginnt, indem man dem Fötus klassische Musik vorspielt oder einen Lautsprecher mit Englischlektionen an den Bauch hält. »Kinder dürfen nicht an der Startlinie verlieren«, heißt der Slogan. Anschließend folgt die frühkindliche Erziehung als Vorbereitung auf den Kindergarten. Der kann je nach Angebot und Stadtteil ziemlich teuer sein. Auf jeden Fall sollten die Kinder dort schon etwas Englisch lernen, die wichtigsten chinesischen Zeichen und Rechnen bis 100. Das erhöht ihre Chancen, auf eine gute Grundschule zu kommen, dann, bei guten Noten, auf eine gute Mittelschule und später auf eine gute Universität. In die Schwerpunktschulen und -universitäten fließt das meiste Geld, sie haben die beste Ausstattung, die besten Lehrkräfte und dank permanenter Tests und Selektion am Ende auch die besten Schülerinnen, Schüler und Studierenden. Um in diesem Wettbewerb mithalten zu können, haben chinesische Kinder einen harten Arbeitstag. Nach der Ganztagsschule müssen sie pro Woche noch rund 14 Stunden Hausaufgaben machen, oft sitzen sie bis nachts um zehn oder elf Uhr über den Büchern. Die meisten besuchen noch Nachhilfeschulen und Prüfungsvorbereitungskurse, auch während der Ferien. Viele lernen außerdem ein

Musikinstrument, eine weitere Fremdsprache oder machen einen Malkurs. Unverplante Freizeit? Fehlanzeige.

Im Westen wird das oft kritisiert, die armen Kinder werden bedauert. Gleichzeitig schielt man neidisch auf die PISA-Studie, in der chinesische Schülerinnen und Schüler regelmäßig an der Spitze stehen und deutlich besser abschneiden als etwa deutsche. Tatsächlich sind es aber wohl weniger das Schulsystem oder die Lehrkräfte, die für die guten Ergebnisse sorgen. Es sind die chinesischen Eltern.

Gut zu wissen

Die Idee vom gesellschaftlichen Aufstieg durch Bildung hat in China eine lange Tradition. Jahrtausendelang waren es die kaiserlichen Beamtenprüfungen, an denen – theoretisch zumindest – jeder teilnehmen konnte. Sie erforderten ein langes Studium und Auswendiglernen der klassischen Texte. Wenn man sie bestand, hatte man es allerdings geschafft. Nicht nur man selbst, sondern die ganze Familie konnte dadurch aufsteigen. Bildung hat im Konfuzianismus eine zentrale Funktion, das zeigt sich auch in anderen konfuzianisch geprägten Gesellschaften wie Japan, Korea oder Vietnam. Kinder aus diesem Kulturkreis sind auch im Ausland überdurchschnittlich erfolgreich in der Schule.

Eltern aus der Mittelschicht geben rund ein Drittel ihres Einkommens für die Bildung der Tochter oder des Sohnes aus. Sie nutzen ihre Beziehungen, kaufen notfalls sogar Wohnungen in Bezirken mit guten Schulen (was die

Immobilienpreise dort in die Höhe treibt) oder wechseln ihren Job, um sich besser der Erziehung widmen zu können. Man kann sich vorstellen, was für einen Druck das für die Kinder bedeutet. Berichte von Depressionen und Selbstmorden unter Schulkindern und Studierenden sind alarmierend. 2016 erregte ein Professor der renommierten Beijing Universität Aufsehen, als er öffentlich äußerte, dass rund 40 Prozent der Studierenden das Gefühl hätten, das Leben sei sinnlos, über 30 Prozent würden das Lernen hassen. Es nannte es *kongxinbing*, die »Krankheit des leeren Herzens«. »Unsere Kinder gewinnen am Start – und verlieren am Ziel«, meint Yang Dongping, einer der bekanntesten Erziehungswissenschaftler des Landes. Er ist nicht der Einzige, der findet, dass das chinesische Schulsystem dringend reformiert werden müsste. Längst ist es auch nicht mehr so, dass alle, die eine Hochschule absolviert haben, automatisch mit einem guten Arbeitsplatz rechnen können. Sinnvoll wäre es deshalb, außeruniversitäre Ausbildungswege zu etablieren.

Außerdem ist das System zutiefst ungerecht. Scheinbar haben alle die gleiche Chance, doch Menschen vom Land oder aus der städtischen Unter- und unteren Mittelschicht können es sich schlicht nicht leisten, ihre Kinder so zu fördern, dass sie ihren Weg in diesem System schaffen. Es ist wie in dem Witz: Ein Affe, ein Fisch und ein Elefant stehen vor der Prüfungskommission. Die Prüfungsaufgabe lautet für alle gleich: »Klettern Sie auf einen Baum.« Wer wird wohl das Rennen machen?

Reformvorschläge gibt es viele. Letztlich scheitern sie oft an den Eltern. Diese möchten natürlich, dass ihr

Kind glücklich wird, haben aber Angst, ihm mit Experimenten die Zukunft zu verbauen. Neue Ideen scheitern zudem an den Lehrkräften, die völlig umdenken müssten. Und wahrscheinlich auch an der Lobby der privaten Nachhilfeunternehmen, die sich mit diesem System eine goldene Nase verdienen.

Und bei uns?

Auch in Deutschland ist der Bildungserfolg, stärker als in anderen europäischen Ländern, vom sozioökonomischen Status der Eltern abhängig. In vieler Hinsicht wurde das hiesige Bildungssystem durch die Reformen der letzten Jahrzehnte »chinesischer«. Beispiele sind Ganztagsschulen, die Verkürzung der Schulzeit bis zum Abitur auf zwölf Jahre, verschulte Bachelor- und Masterstudiengänge. Auch bei uns haben Kinder heute weniger unverplante Zeit als früher.

Aber

Jeder Druck erzeugt früher oder später eine Gegenbewegung. In China trägt sie den Namen *tangping* – »flachliegen«. Seit der Aussteiger Luo Huazhong im April 2021 in den sozialen Medien einen Essay mit dem Titel *Flachliegen ist Gerechtigkeit* veröffentlichte, in dem er dafür plädierte, aus dem Hamsterrad auszusteigen, einen minimalistischen Lebensstil zu pflegen und sich lieber der persönlichen Entfaltung zu widmen, ist das Schlagwort in aller Munde. Der Essay wurde massenweise gelesen, diskutiert, weiterverbreitet und kreativ abgewandelt. *Tangping* war eines der populärsten Internet-Wörter 2021. Offensichtlich hat Luo das Lebensgefühl vieler junger Menschen getroffen. Inwieweit daraus tatsächlich eine große soziale Bewegung entsteht, wird sich zeigen. Die Regierung jedenfalls scheint alarmiert zu sein, widerspricht diese Lebenshaltung doch fundamental dem propagierten »Chinesischen Traum«. Der Post wurde gelöscht, regierungsnahe Medien nannten »flachliegen« eine Schande und selbst Staatschef Xi Jinping äußerte sich in einem Aufsatz kritisch und mahnte: »Ein glückliches Leben ist das Ergebnis harter Arbeit.«

CHINESISCHE SCHRIFTZEICHEN SIND FASZINIEREND, NERVIG UND EIN SCHÖNES HOBBY

Als besonders männlich gilt (oder galt) in China wohl ein Bauer, der kräftig zupacken konnte, denn das Schriftzeichen 男 für »Mann« setzt sich aus »Feld« 田 und »Kraft« 力 zusammen. »Schön« 美 ist dagegen ein »großes« 大 »Schaf« 羊. Eine »Frau« 女 unter dem »Dach« 安 bedeutet »Ruhe und Sicherheit«, ersetzt man sie durch ein »Schwein« 家 erhält man das Zeichen für »Familie«. »Duft« 香 wird aus »Getreide« 禾 und »Sonne« 日 gebildet, »Herbst« 秋 aus »Getreide« 禾 und »Feuer« 火. Fügt man noch ein »Herz« 心 hinzu, also ein »Herz im Herbst« 愁, erhält man das Zeichen für »Schwermut oder Kummer«.

Chinesische Schriftzeichen sind ohne Zweifel faszinierend. Man kann sich damit auf eine Reise in die bäuerliche Vergangenheit des Landes begeben, in alte Denkmuster und Traditionen, und verblüffende Zusammenhänge entdecken. Aber für Menschen aus dem Ausland sind diese Zeichen auch eine der größten Hürden, um wirklich in China anzukommen. Es gibt einfach zu viele davon! Selbst wer flüssig Chinesisch spricht, ist oft nicht in der Lage, längere Texte oder Webseiten zu lesen, von Romanen ganz zu schweigen. Man muss diese Schriftzeichen einfach immer wieder und wieder und wieder üben und üben und üben. Die meisten chinesischen Kinder fangen schon im Kindergarten damit an.

Harte Fakten

Manche Wörterbücher listen 50.000 Schriftzeichen auf, von denen rund 20.000 noch heute gebräuchlich sein sollen. Ab 1.500 Schriftzeichen hat man das Analphabetentum offiziell hinter sich gelassen, obwohl man damit noch kaum eine Zeitung lesen kann. Bis zum Ende der Schulpflicht lernt man etwa 3.000 Zeichen, nach einem Studium sollte man 5.000 können. Angesichts dieser Vielzahl flößt es Bewunderung ein, dass rund 97 Prozent der über 15-Jährigen in China lesen und schreiben können.

Anders als eine Buchstabenschrift trägt ein Schriftzeichen zwar eine Bedeutung, sagt aber nicht, wie es ausgesprochen werden möchte, vergleichbar den arabischen Zahlen. 5 versteht man auch dann, wenn die einen »fünf«

und die anderen »*five*« oder »*cinco*« dazu sagen. Die chinesische Schrift hat sehr zur kulturellen Einheit des Landes beigetragen, weil sie über Dialekt- und Sprachgrenzen hinweg verständlich ist. Wenn Leute in China in der mündlichen Verständigung nicht mehr weiterkommen, greifen sie zur Schrift. Sie schreiben das Zeichen in die Luft, mit dem Finger in die Handfläche oder auf ein Stück Papier. Damit Kinder die korrekte hochchinesische Aussprache lernen, verwendet man eine Umschrift mit lateinischen Buchstaben, die in Kinderbüchern unter den Schriftzeichen angegeben wird. Auch beim Schreiben mit Computern oder Smartphones ist das lateinische Alphabet sehr praktisch. Man gibt einfach das gewünschte Wort in der Umschrift ein, z. B. *shi*, dann werden alle Zeichen angezeigt, die man so ausspricht, 事 是 十 时 使 ... und man muss »nur« noch das richtige auswählen und antippen. Sehr viele Menschen in China üben also eigentlich das Lesen der Zeichen, wenn sie schreiben. Was auf Dauer dazu führt, dass auch gebildete Personen manchmal nicht mehr ganz sicher sind, wenn sie ein kompliziertes Zeichen mit der Hand schreiben sollen.

Gut zu wissen

Die heute weitgehend übliche lateinische Umschrift des Chinesischen, kurz *hanyu pinyin* genannt, wurde 1956/57 in der VR China eingeführt und gilt mittlerweile als Standard. Sie wird auch in diesem Buch fast immer verwendet. Daneben existieren noch andere, teils ältere lateinische Umschriften, sodass es zu unterschiedlichen Schreibweisen kommt, die irritieren können, z. B. Mao Tse Tung (*pinyin:* Mao Zedong), Laotse (*pinyin:* Laozi), Tao (*pinyin:* Dao), Tai-Chi (*pinyin:* taiji), Peking (*pinyin:* Beijing).

Das ändert jedoch nichts daran, dass das geschriebene Wort als Kunstform in China einen enorm hohen Status hat. In den Buchhandlungen stehen Hunderte von Büchern über Kalligrafie, in denen man unterschiedliche Stile studieren und kopieren kann, etwa die eher eckige Kanzleischrift oder die schwungvolle, expressive (und kaum mehr leserliche) Grasschrift. Kalligrafie gilt als ehrenwertes Hobby, das der Meditation gleicht und die innere Ruhe fördert. Und so hat sich eine besonders schöne Freizeitbeschäftigung herausgebildet: In vielen Parks treffen sich abends Menschen, ausgerüstet mit einem ausziehbaren Pinsel und einem Eimer, und schreiben mit Wasser Gedichte auf das Pflaster, vergängliche Zeichen ihrer Schreibkunst. Meist bleiben ein paar Leute stehen, sehen sich das Ganze interessiert an und geben fachmännische Kommentare ab. (Was der inneren Ruhe der Schreibenden allerdings weniger förderlich sein dürfte.)

UMS AUSWENDIGLERNEN KOMMT MAN IN CHINA NICHT HERUM

47
Lernmethoden

Das kleine Mädchen sitzt stolz vor der Kamera und rezitiert auswendig das *Sanzijing*. Drei Silben gehören jeweils zusammen, da da da, da da da, der ganze Körper wippt im Rhythmus hin und her. Der *Drei-Zeichen-Klassiker* ist ein Lehrgedicht für Kinder, bestehend aus 1.200 Zeichen, er wurde im 13. Jahrhundert von einem Konfuzianer zusammengestellt, weshalb nicht nur die chinesische Geschichte sondern auch konfuzianische Werte wie die Liebe zu den Eltern und zum Lernen vermittelt werden. Der berühmte Anfang lautet: *Ren zhi chu, xing ben shan.* »Am Anfang ist der Mensch gut.«

Auswendiglernen hat in China eine lange Tradition. Schon das Einprägen der Schriftzeichen erfordert jahrelanges Üben und Wiederholen (siehe Kapitel 46, S. 206). Die meisten chinesischen Kinder können unglaublich viele klassische Verse aufsagen. 2016 löste die populäre TV-Show *Konferenz der chinesischen Gedichte*, bei der Menschen aller Altersstufen und sozialen Schichten mit ihrer Kenntnis klassischer Gedichte gegeneinander antraten, einen neuen Hype aus und ließ die Verkäufe von Gedichtbänden in die Höhe schnellen.

Doch Auswendiglernen steht auch in der Kritik, zumindest wenn es um die sture Paukerei von unzusammenhängendem Wissen geht, im Volksmund auch *tianya*, »Enten stopfen«, genannt. Eine Methode, die im wettbewerbsorientierten Schulsystem immer noch häufig praktiziert wird. Die ständigen Prüfungen lassen schon aus Gründen der Lernökonomie oft gar keine andere Wahl, als sich auf den prüfungsrelevanten Stoff zu konzentrieren und ihn sich einzutrichtern (siehe Kapitel 45, S. 200). Chinesische Schulkinder sind extrem gut darin, sich Wissen und Strukturen diszipliniert anzueignen, für kritisches Hinterfragen, Fantasie und Kreativität bleibt dagegen im Schulalltag oft keine Zeit. Am Beispiel des Fremdsprachenlernens werden die Mankos des Systems schnell deutlich. Viele Kinder können problemlos schwierige Grammatikübungen lösen, bringen aber kaum ein Wort heraus, wenn sie die Sprache aktiv anwenden sollen. Dass Kinder nur auf reproduzierbares Wissen getrimmt werden, während soziale Fähigkeiten und auch die Charakterbildung zu kurz kommen, ist eine Kritik am chinesischen Schulsystem, die öfter zu hören ist.

Erstaunlicherweise führt die Suche nach Alternativen in manchen Fällen zurück zum Auswendiglernen, sogar in noch extremerer Form. Seit einigen Jahren boomen in China Privatschulen, die wieder auf eine traditionelle konfuzianische Erziehung schwören. Die berühmteste ist die Wenli Akademie in der Provinz Zhejiang. Ihr Gründer, der gebürtige Taiwanese Wang Caigui, propagiert seit mehr als 25 Jahren eine Rückkehr zu alten Werten mithilfe der konfuzianischen und daoistischen Klassiker und durch traditionelle Unterrichtsmethoden. Das bedeutet schlicht und einfach, dass eine Lehrkraft die alten Texte vorspricht und die Kinder im Chor nachsprechen, stundenlang und von klein auf. Auf das Verständnis kommt es nicht an, erst mit Beginn der Pubertät werden die Texte auch erörtert. Das komme dem natürlichen Entwicklungsstand der Kinder entgegen, heißt es, deren Gedächtnis in jungen Jahren, im Gegensatz zu ihren analytischen Fähigkeiten, besonders ausgeprägt sei. Man legt ihnen sozusagen in der Kindheit etwas aufs Sparkonto, von dem sie später zehren können. Wang setzt auf eine werteorientierte Erziehung im Sinne des Konfuzianismus und ist überzeugt, dass die Rückbesinnung auf die Tradition nicht nur dem einzelnen Menschen Halt gibt, sondern letztlich auch die Welt besser macht. Er und seine Mitstreitenden reisen rund um die Erde und halten Vorträge über ihre »neue« Methode. Das Konzept stößt gerade bei chinesischen Familien im Ausland auf großes Interesse. Diese möchten ihre Kinder oft mit der chinesischen Kultur in Berührung bringen, müssen aber feststellen, dass die normalen Sonntagsschulen nicht einmal ausreichen, um ihnen genügend Schriftzeichen für das Lesen von Kinderbüchern beizubringen.

Um an der Wenli Akademie aufgenommen zu werden, müssen Kinder 300.000 Zeichen eines chinesischen Klassikers auswendig und ohne zu stocken aufsagen können. Das entspricht etwa einem deutschen Buch von 250 Seiten. Auf Videos im Netz kann man ihnen zusehen, wie sie anderthalb Stunden und länger Texte herunterleiern. Ob das wirklich ein Beitrag zur Lösung der Bildungsmisere ist?

Wahrscheinlich sollte man es auch beim Konflikt zwischen Auswendiglernen und eigenständigem Denken mit dem Oberlehrer Konfuzius halten: »Lernen und nicht denken ist nichtig. Denken und nicht lernen ist ermüdend.«

Und bei uns?

Auch im Westen gibt es geistesverwandte Strömungen, etwa die Accademia Vivarium Novum in Rom. Dort möchte man die Tradition der Renaissance-Erziehung wiederbeleben, die Schüler lernen Lateinisch und Altgriechisch und sprechen es auch im Alltag miteinander. Elektronische Geräte, moderne Musik oder Alkohol sind verpönt bzw. verboten. Der Gründer der Accademia, Luigi Miraglia, richtete gemeinsam mit der Wenli Akademie im Juni 2019

im chinesischen Hangzhou das Globale Forum zur
Förderung des Humanismus durch klassische Erziehung aus.

DIE KUNST DES KOPIERENS HAT IN CHINA TRADITION

Eine Vernissage der anderen Art: keine Bilder, keine Skulpturen, keine Videokunst, nur leere Leinwände. Wer die Ausstellung besucht, darf sich stattdessen ein Kunstwerk wünschen. Am nächsten Tag machen sich zwei Maler anhand von Fotos oder Postkarten ans Werk und auf der Finissage werden die gewünschten Gemälde gezeigt und versteigert.

Dieses provozierende Kunstprojekt wurde 2010 vom Künstlerkollektiv geheimagentur in Hamburg und Wien durchgeführt. Die beiden Maler kamen aus dem südchinesischen Dafen (heute ein Stadtteil von Shenzhen, nicht weit von Hongkong), der weltweit größten

Werkstatt für kopierte Ölgemälde. Tausende von Malerinnen und Malern, teilweise angelernt, teilweise von renommierten Kunstakademien, leben dort von der Massenanfertigung bekannter Meisterwerke. Pro Jahr werden rund fünf Millionen Gemälde in alle Welt exportiert. Anders als auf dem undurchsichtigen Kunstmarkt berechnet sich der Preis nach nachvollziehbaren Kriterien: der Anzahl der Arbeitsstunden, dem Schwierigkeitsgrad und der Qualität des Gemäldes bzw. dem Grad der Ähnlichkeit mit dem Original. Obwohl die meisten Aufträge aus dem Westen kommen, rümpft man dort gern die Nase über dieses Tun, gilt Kopieren doch als Gegenteil von Kreativität und jedenfalls nicht als Kunst. Tatsächlich zeigt jedoch ein Blick in die traditionelle chinesische Kunst, dass diese Sichtweise zumindest etwas einseitig ist.

Anders als westliche Kunstschaffende, die nicht selten davon träumen, »den Louvre anzuzünden« (François Jullien in *Das große Bild hat keine Form*), also mit der Tradition zu brechen und die Malerei neu zu erfinden, kopierten die klassischen chinesischen Künstler immer wieder die alten Meister, die als unerreichbares Vorbild galten. Kopieren bezeugte den Respekt vor der Tradition, in die man sich einschreiben wollte, und war eine Möglichkeit, sich Techniken und Fähigkeiten anzueignen, um schließlich irgendwann, wenn man selbst Meisterschaft erlangt hatte, die Freiheit des Alters zu nutzen, um Eigenes einzubringen und Neues zu schaffen.

Zhang Daqian (1899–1983), einer der berühmtesten neueren Maler in der chinesischen Tradition, malte seine aufregendsten, wildesten Bilder, als er schon über 70 war. Er wird im Hinblick auf Vielfalt, Produktivität und Charisma gerne mit Picasso verglichen, den er auch tatsächlich 1956 in Paris traf. Die beiden Meister sollen sich gegenseitig porträtiert haben. Zhang stammte aus einer wohlhabenden Familie in Sichuan und führte, nach einer kurzen Episode als buddhistischer Mönch, ein Leben als Maler, Genussmensch und Familienpatriarch. 1948 ging er ins Exil und lebte fast 30 Jahre in Europa, Indien, Südamerika und Kalifornien. Bei seinen Reisen um die Welt begleiteten ihn mehrere Frauen, Kinder und Zuarbeiter. Außerdem führte er seine Sammlung klassischer chinesischer Bilder mit sich – zeitweise eine der größten Privatsammlungen weltweit. Er war jedoch nicht nur ein genialer Künstler, sondern auch ein genialer Fälscher. Seine Sammlung diente ihm als Vorlage und Quelle für neu gemalte »alte« Bilder. Eigene Bilder wurden dort zu Werken alter Meister, Originale verschwanden und wurden durch Kopien ersetzt. Er ließ seine Fälschungen künstlich altern, versah sie mit Sammlerlegenden, gefälschten Siegeln und Beglaubigungen durch Zeitgenossen. Die Kopien dienten dazu, seinen aufwendigen Lebensstil zu finanzieren und sich – falls sie entlarvt wurden – selbst einen Namen als Künstler zu machen. Aber es ging ihm auch darum, sich in die alten Maler hineinzuversetzen. So studierte er Kopien von verschollenen Bildern und Originale des jeweiligen Malers und kopierte sie immer wieder, bis er glaubte, dessen »Geist« verstanden zu haben und dadurch das »Original« wieder herstellen zu können.

Das klingt für westliche Ohren abstrus. Aber auch heute noch werden Studierende an chinesischen Kunstakademien dazu angehalten, unterschiedlichste Malstile zu kopieren, bevor sie »originell« werden. Und selbst im Kopierdorf Dafen lässt sich noch etwas von dieser Haltung finden. Nicht alle malen dort im Akkord. Der Künstler Gan Xiuchun etwa hat sich auf Gustav Klimt spezialisiert und kennt fast jeden Pinselstrich des österreichischen Malers auswendig. Als er nach Wien eingeladen wurde, war er begeistert, die Atmosphäre, in der Klimt gelebt hatte, kennenzulernen und hoffte, auf diese Weise dem Meister näher zu kommen. Klimt, so gesteht er in einem Video, inspiriere ihn, innovativer zu sein, mit der Tradition zu brechen und etwas Neues zu schaffen. Kopieren ist also in China nicht zwangsläufig das Gegenteil von Kreativität. Es kann auch eine Station auf dem Weg dorthin sein.

CHINESISCHE REISEGRUPPEN HABEN WENIG ZEIT UND BRAUCHEN HEISSES WASSER

»Seien Sie auf Reisen Botschafter der Zivilisation und verbreiten Sie die chinesischen Tugenden«, steht auf einem Plakat, darunter die Zeichnung einer Familie mit kleinem Sohn, um sie herum ein paar internationale Sehenswürdigkeiten wie der Eiffelturm und die Oper von Sydney. Die chinesische Regierung macht sich Sorgen um das Image ihrer Bevölkerung im Ausland. Diese steht im Ruf zu spucken, zu drängeln, bei Rot über die Ampel zu gehen und überall zu rauchen (siehe Kapitel 17, S. 79). Und dann diese peinliche Angelegenheit 2013 in Ägypten! Damals meinte ein 14-jähriger Schüler, seine Anwesenheit, »Ding Jinhao war hier«, ausgerechnet auf dem Relief von Alexander dem Großen im Tempel in Luxor verewigen zu müssen. Nicht dass Reisende aus anderen Ländern solche Dinge nicht tun, aber in China fühlte man sich dadurch national blamiert. Eine heftige Internetdebatte entbrannte, von einer »Schande für die Volksrepublik« war die Rede, und die Eltern des Missetäters sahen sich genötigt, sich öffentlich zu entschuldigen, dass sie ihr Kind so schlecht erzogen hatten.

Dass chinesische Urlaubsreisende überhaupt die Macht haben, das Image ihres Landes zu schädigen, liegt an ihrer wachsenden Zahl. Tourismus ist ein relativ neues Phänomen in China, früher gab es weder die finanziellen Möglichkeiten noch die Erlaubnis, sich frei im Land zu bewegen, vom Ausland gar nicht zu reden. Die meisten Chinesinnen und Chinesen kennen ihr eigenes Land kaum und holen das jetzt nach. Eine wachsende Zahl hat jedoch inzwischen auch die Mittel und den Wunsch, sich die Welt jenseits der Landesgrenzen anzusehen. 162 Millionen waren es im Jahr 2018, davon reisten sechs Millionen nach Europa. Nicht besonders viele im Verhältnis zur Bevölkerung, doch in absoluten Zahlen hat China Deutschland inzwischen als Reiseweltmeister abgelöst. Neben den Reichen sind es auch Leute aus der Mittelschicht, die lange für ihre Traumreise gespart haben oder ihre Kinder im Ausland besuchen. Das Bild von chinesischen Reisegruppen, die mit dem Bus durch Europa fahren und innerhalb von zehn Tagen sieben Länder besuchen – raus aus dem Bus, Fotos schießen, rein in den Bus, schlafen – ist nicht ganz falsch. Gerade ältere und wenig erfahrene Reisende schätzen eine sichere Umgebung mit einer chinesischen Reiseleitung, die sich um alles kümmert. Außerdem ist Zeit knapp, die Urlaubstage sind begrenzt, man will möglichst viel sehen, und Europa ist doch eh so klein, dass es sich anbietet, ein paar Länder, die in der gleichen Himmelsrichtung liegen, in einer Tour zusammenzufassen. Natürlich bleibt dabei wenig Zeit für die Erkundung fremder Kulturen, nicht einmal in kulinarischer Hinsicht. Obwohl die meisten Reisenden bei Umfragen angeben, lokale Spezialitäten probieren zu wollen, ist die Experimentierfreudigkeit gegenüber der ausländischen Küche begrenzt. Auf solchen Pauschalreisen wird hauptsächlich chinesisch gegessen. Viele haben zur Sicherheit auch noch Instantnudeln oder eingelegtes Gemüse dabei, um kulinarisch nicht völlig ausgeliefert zu sein. Und natürlich eine Thermoskanne für das lebensnotwendige heiße Wasser (siehe Kapitel 43, S. 192).

Für die europäische Wirtschaft ist diese Gruppe nicht nur wegen ihrer Zahl interessant, sondern auch wegen ihrer Bereitschaft, Geld auszugeben, vor allem für Marken- und Luxusprodukte, aber auch für regionale Besonderheiten, was unter anderem zu einer Renaissance der Kuckucksuhren beigetragen hat. Shopping zählt zu den liebsten Urlaubsaktivitäten. Einige Länder, wie Serbien, haben schon die Visumpflicht für chinesische Reisegruppen abgeschafft, in Duty-Free-Shops gibt es immer öfter Chinesisch sprechendes Personal, manche Hotels bieten neben dem westlichen Frühstück auch eine chinesische Variante an, und Geschäfte stellen sich auf virtuelle chinesische Zahlungsmethoden ein.

Deutschland hinkt in den Anpassungsleistungen ein bisschen hinterher, aber auch hier steigen die Besucherzahlen, 2017 kamen anderthalb Millionen Reisende aus China ins Land. Viele von ihnen stellen sich Deutschland wie eine Art Autofabrik oder Maschinenhalle mit angeschlossenem Fachwerkhäuschen vor, dazu romantische Burgen und Bier trinkende Bajuwaren. Top-Reiseziele sind Berlin als Hauptstadt (obwohl sie aus chinesischer Sicht ziemlich klein wirkt), München (mit Hofbräuhaus und – ganz wichtig – Neuschwanstein), Heidelberg (mit Schloss und Altstadt) und Trier (Geburtsstadt von Karl Marx). Und natürlich Metzingen, das »Mekka für Schnäppchenjäger«. In dieser baden-württembergischen Kleinstadt haben sich über 100 Premium- und Luxusmarken zu einem riesigen Outlet-Standort zusammengefunden, 40 Prozent der Kunden kommen aus dem Ausland, und Reisende aus China sind ganz vorne mit dabei. Romantik und Shoppingmöglichkeiten sind also vorhanden, dazu eine Top-Lage in der Mitte Europas. Wenn jetzt noch alle deutschen Hotels mit Wasserkochern ausgestattet würden, hätte Deutschland gute Chancen, seinen Beliebtheitsgrad bei chinesischen Reisegruppen deutlich zu steigern.

Aber

Das stereotype Bild von den chinesischen Pauschalreisenden stimmt nur noch teilweise. Eine wachsende Zahl, in der Regel jüngere, reiseerfahrene und Englisch sprechende Menschen, möchte sich mehr

Zeit nehmen, Dinge abseits des Mainstreams kennenlernen und individuell oder als Familie reisen. Dass es mittlerweile möglich ist, Reisen im Internet zu planen, unterstützt diesen Trend. Im EU-China Tourism Year 2018 lag der Fokus auf der Zielgruppe der Individualreisenden. Zunehmend beliebt bei dieser Gruppe ist auch das sogenannte *bleisure*, eine Verbindung aus *business* und *leisure*, also eine Geschäftsreise, an die noch ein paar Tage Urlaub angehängt werden.

IN CHINA LIEBT MAN DEN RUMMEL – AUCH AUF HEILIGEN BERGEN

»Alles weiche nun von mir unter dem Himmel / Hier auf dem Heiligen Berg werde es klein ...«, heißt es in einem chinesischen Gedicht aus dem 16. Jahrhundert über den *Aufstieg zum Tai Shan*, einem daoistischen Berg in der Provinz Shandong.

Es ist nicht auszuschließen, dass es auch heute noch Pilgernde gibt, die auf einem heiligen Berg eine spirituelle Erfahrung machen, die Eitelkeit der Welt erkennen und zu sich finden, aber es wird ihnen um einiges schwerer gemacht als dem Dichter vor 500 Jahren. In China gibt es eine ganze Reihe von heiligen Bergen, die seit Jahrtausenden verehrt, besungen und bedichtet werden. Schließlich ist man da oben dem Himmel näher, sodass die verschiedenen religiösen Traditionen jeweils einige Berge für sich in Beschlag genommen haben, wobei sie es mit der Einteilung nicht so genau nehmen. Auf einem daoistischen Berg darf durchaus auch ein Konfuzius-Tempel stehen oder eine buddhistische Gottheit verehrt werden (siehe Kapitel 11, S. 52). Wer in China etwas auf sich hält, versucht wenigstens die wichtigsten dieser Berge einmal im Leben zu besteigen, zur Not mit Unterstützung einer Seilbahn. Auf dem Tai Shan werden jährlich etwa sechs Millionen Besucherinnen und Besucher gezählt. Kein Wunder, heißt es doch, dass 100 Jahre alt wird, wer ihn bezwungen hat.

Nun darf man sich die Besteigung eines heiligen Berges keinesfalls wie, sagen wir, eine Alpenwanderung vorstellen. Das beginnt schon bei der Ausrüstung. Wanderschuhe sind die absolute Ausnahme, die meisten begnügen sich mit Sportschuhen, aber auch Lederslipper, Ballerinas oder Flipflops sind zu sehen. Tatsächlich ist festes Schuhwerk auch gar nicht so wichtig, denn der Weg zum Gipfel führt nicht über schmale Pfade und durch unwegsames Gelände, sondern über breite, wenn auch stellenweise recht steile Steintreppen. Für den Tai Shan bedeutet das zum Beispiel, dass rund 1.300 Höhenmeter auf fast 6.500 Stufen überwunden werden müssen. Beim mühseligen Aufstieg kann man darüber meditieren, was für eine Arbeit es gewesen sein muss, diese Wege anzulegen. Aber schließlich pilgerten ja auch diverse Kaiser, reitend oder in einer Sänfte, mit ihrem Hofstaat zum Gipfel und brauchten eine entsprechende Infrastruktur.

Ein heiliger Berg ist eine Verbindung von Kultur und Natur, und man bezahlt dafür Eintritt wie in einem Museum. Nicht nur zahlreiche Tempel, Pagoden und Schmucktore säumen den Weg, sondern auch in Stein gemeißelte Kalligrafien von Kaisern, Dichtern und Weisen längst vergangener Zeiten. Die Natur ist kulturell überformt, um nicht zu sagen überfrachtet. Jeder Tümpel wird zum »himmlischen Teich«, jede besonders geformte Kiefer zur »Willkommenskiefer« und auch jede etwas bizarr geformte Steinformation bekommt einen eigenen, möglichst poetischen Namen.

»Steigt man auf den Tai Shan, weiß man, wie klein die Welt ist«, besagt ein chinesisches Sprichwort. Heutzutage aber kommt die Welt einfach mit. Alle paar Hundert Meter gibt es Imbisse und kleine Restaurants, die vom Wasser in Plastikflaschen über frisches Obst und gekochten Mais bis zu Omeletts und Fertigsuppen alles verkaufen, was die Kräfte der Wandernden stärken kann. Wer danach das Bedürfnis verspürt, eine Toilette aufzusuchen, muss bis zum nächsten öffentlichen Klo meist nicht weit gehen, einfach immer der Nase nach. Neben den leiblichen Bedürfnissen ist auch sonst für alles gesorgt. Verkaufsstände bieten billige Souvenirs, Räucherstäbchen, Plastikspielzeug, Rucksäcke, Sonnenhüte, Regenmäntel, Gebetsbänder, Liebesschlösser ... Alle diese Dinge müssen von Männern auf ihrem Rücken mit Tragestangen von unten oder von der nächsten Seilbahnstation herbeigeschleppt werden.

Umgekehrt muss der Müll aus den großen Mülltonnen, die in knappen Abständen den Weg säumen, wieder nach unten geschafft werden. Das Knacken von Plastikflaschen, die zerquetscht werden, um möglichst wenig Platz im Müllsack einzunehmen, ist ein durchaus typisches Geräusch auf einem heiligen Berg. Überhaupt die Geräusche: Ein solcher Ausflug ist ein soziales Ereignis, das man nicht allein unternimmt, sondern mit einer Gruppe von Freunden, mit der Familie, mit Kindern und Großeltern. In China liebt man es *renao*, das Wort setzt sich aus *re*, »heiß«, und *nao,* »laut«, zusammen, also fröhlich-lärmend, mit viel Trubel, und entsprechend laut und ungezwungen geht es auf so einem Berg zu. Da wird geredet, gelacht und fotografiert, man jammert über schmerzende Muskeln und telefoniert, was das Zeug hält, denn schließlich sollen auch die Freundinnen und Bekannten wissen, dass man gerade einen Berg besteigt. Anders als in den Alpen hat man überall Empfang. So kann sich auch das gelangweilte Verkaufspersonal beim Warten auf Kundschaft die Zeit mit der Lieblingsserie vertreiben, was die Geräuschkulisse um ein weiteres Element bereichert. Hinzu kommen Lautsprecher, die an markanten Stellen an Bäumen angebracht sind und mit salbungsvoller Stimme etwas über die Bedeutung des jeweiligen Ortes erzählen.

Auf dem Gipfel, wenn man ihn denn endlich erreicht hat, wird man mit einem wirklich spektakulären Ausblick belohnt. Hier – wie auch an anderen effektvollen Stellen auf dem Weg – kann man sich vor der Traumkulisse professionell in Szene setzen und fotografieren lassen, aber mittlerweile haben die Fotoprofis mit ihrer Kunst einen schweren Stand gegen die Übermacht der Selfies. Es gibt da oben auch einige Unterkünfte, meist zu überhöhten Preisen, doch wer den Sonnenaufgang auf dem Berg erleben will, hat wenig Alternativen. Und so steht man am nächsten Morgen, keinesfalls allein, an dem ausgeschilderten Felsen mit dem besten Blick und wartet, umgeben von vielen gezückten Smartphones, auf den Sonnenaufgang. Wenn es nicht regnet. Und dann kommt der Abstieg ... 6.500 Stufen abwärts können einen unglaublichen Muskelkater verursachen!

Harte Fakten

Die fünf heiligen Berge des Daoismus:

Tai Shan (Shandong)

Song Shan (Henan)

Hua Shan (Shaanxi)

Heng Shan (Hunan)

Heng Shan (anderes Zeichen) (Shanxi)

Der Mythologie nach sind die fünf Berge der Kopf und die Glieder von Pangu, dem ersten Lebewesen. Sie sind den vier Himmelsrichtungen (und der Mitte) zugeordnet und je einem Element nach der chinesischen Fünf-Elemente-Lehre.

Die vier heiligen Berge des Buddhismus:

Wutai Shan (Shanxi)

Putuo Shan (Zhejiang)

Emei Shan (Sichuan)

Jiuhua Shan (Anhui)

Die Berge sind jeweils einer Gottheit und einem Metall gewidmet.

SOLANGE SIE SINGEN UND TANZEN, SIND NATIONALE MINDERHEITEN IN CHINA BELIEBT

Fragt man in China nach den nationalen Minderheiten im Land, werden viele von seltsamen Bräuchen, schönen Trachten, bunten Festen, Kunsthandwerk und regionalen Spezialitäten erzählen. Das folkloristische Bild wird von Fernsehsendungen unterstützt, in denen die einzelnen Ethnien als fröhlich singende Volkstanzensembles darstellt werden. 55 nationale Minderheiten sind in China offiziell anerkannt. Sie haben besondere Traditionen, typische Bauweisen, sprechen oft eigene Sprachen und schreiben manchmal auch anders. Einige Gruppen haben nur ein paar Tausend Mitglieder, andere über zehn Millionen. Insgesamt machen sie jedoch nur etwa 9 Prozent der Bevölkerung aus, der Rest sind Han-Chinesinnen und -Chinesen. Bei der Gründung der Volksrepublik wurde die Gleichberechtigung aller Nationalitäten in der Verfassung verankert und eine Reihe positiv diskriminierender Maßnahmen eingeführt. Es hat also durchaus handfeste Vorteile, sich bei Volkszählungen einer Ethnie zuzuordnen.

Gut zu wissen

Es gibt fünf Autonome Provinzen (Ningxia, Innere Mongolei, Xinjiang, Guangxi und Tibet). Auch Gemeinden oder Regionen, in denen ein Großteil der Bevölkerung einer Minderheit angehört, haben einen Autonomiestatus, der ihnen – innerhalb des chinesischen Rahmens – bei der Regelung innerer Angelegenheiten mehr Freiheiten zugesteht. Sie können Rundfunk- und Fernsehprogramme in ihren Sprachen senden und zweisprachigen Schulunterricht einrichten. Im Nationalen Volkskongress sind die nationalen Minderheiten mit einer festen Quote vertreten. Sie waren von der Ein-Kind-Politik ausgenommen, und bei der Hochschulaufnahmeprüfung (siehe Kapitel 45, S. 200) bekommen die Kinder einen Punkterabatt.

Kling alles gut. Doch tatsächlich ist das Verhältnis zwischen den Han und den nationalen Minderheiten sehr viel spannungsgeladener, als die offizielle Propaganda glauben machen will. Das kann man an den immer wieder aufflammenden Aufständen in Tibet sehen und zuletzt vor allem am Umgang mit den Uiguren in Xinjiang, die als Turkvolk und Muslime bei vielen Han latent unter Terrorismusverdacht stehen und nach westlichen Medienberichten von massiver Unterdrückung und von Umerziehungsmaßnahmen betroffen sind.

Die ursprünglichen Siedlungsgebiete der nationalen Minderheiten machen fast zwei Drittel der Volksrepublik aus, gehören aber zu den wirtschaftlich ärmsten und rückständigsten Regionen. Die Regierung hat sich die Modernisierung auf die Fahnen geschrieben, nicht zuletzt wegen der Rohstoffvorkommen in diesen Gebieten. Damit kommen auch immer mehr Han in diese Gegenden. Sie besetzen häufig Schlüsselpositionen und fühlen sich oft nicht nur ökonomisch, sondern auch kulturell überlegen. In Xinjiang etwa, der Heimat der Uiguren, waren 1949 nur 6 Prozent der Bevölkerung Han, heute machen sie mehr als die Hälfte aus. In einigen Gebieten empfindet man das als Besatzung, aber vor allem junge Leute sehen in dieser Entwicklung auch neue Möglichkeiten und Freiheiten für sich. Die traditionellen Gesellschaften lösen sich auch von innen her auf, etwa dadurch, dass junge Menschen die Dörfer verlassen und in die Städte ziehen. Letztlich geht es um mehr als um den Konflikt zwischen Han und anderen Ethnien, es geht auch um die Auseinandersetzung zwischen Moderne und Tradition.

Andererseits bieten die Traditionen wirtschaftliches Potenzial und lassen sich gut vermarkten, weshalb der innerchinesische Tourismus in diese Gebiete kräftig gefördert wird. Teilweise werden ganze Dörfer oder Altstädte zu kostenpflichtigen Freilichtmuseen, in denen

Einheimische für Reisegruppen, die in Bussen herbeigekarrt werden, in Trachten singen und tanzen. Folklorekitsch oder Bewahren der Tradition? Das Problem ist, dass chinesische Touristengruppen oft wenig Zeit haben und viel sehen möchten (siehe Kapitel 49, S. 219), sodass die Gebräuche notfalls etwas angepasst werden müssen, um davon profitieren zu können. Yao-Frauen in der Provinz Guangxi, die ihre Haare traditionellerweise nie schneiden und nur zu besonderen Festtagen offen tragen, lösen für etwas Geld auch außerhalb der Reihe ihre kunstvollen Frisuren. Das größte Fest der Dai im Süden der Provinz Yunnan, das Watersplashing-Festival, wird im Frühling mit einer Art Reinigungsritual begangen, bei dem sich die Menschen gegenseitig unter viel Gelächter mit Wasser überschütten. Ein Erlebnispark bietet das Festival nun während der Saison jeden Tag an. Das ist, als würde man bei uns jede Woche einen Rosenmontagszug veranstalten. Von dort ist es dann nicht mehr weit zu der Überlegung, dass man eigentlich gar keine echten Exemplare der Minderheiten braucht, um sich an der Folklore zu erfreuen. Bei den üblichen Feierlichkeiten zum Jahrestag der Republikgründung werden denn auch gerne irgendwelche Studierende in bunte Kostüme gesteckt, um die kulturelle Vielfalt und Einheit der Volksrepublik zu repräsentieren. Merkt doch keiner!

NEUE ALTSTADTVIERTEL VERSCHÖNERN CHINAS STÄDTE

haina, prangt in chinesischen Schriftzeichen auf den T-Shirts, die in der Pass bye Bar verkauft werden. Einer gemütlichen Kneipe, wie man sie sonst eher aus dem Westen kennt. Ein paar von dieser Art haben sich in einer kleinen Altstadtgasse in Beijing angesiedelt. *Chaina*, wie die englische Aussprache von China, doch das Schriftzeichen *chai* entdeckt man auch überall in der Umgebung, mit weißer Farbe groß auf Hauswände gemalt. Diese Häuser werden nicht mehr lange stehen. *Chai* heißt »abreißen«. China, das Land der Abrissbirnen, so kann man die Botschaft auf den T-Shirts lesen.

Da ist was dran. Als die Volksrepublik 1949 gegründet wurde, hatte man andere Probleme als Denkmalschutz. Man musste Wohnraum für die wachsende Bevölkerung schaffen, die Industrialisierung vorantreiben und eine neue Infrastruktur aufbauen. Gleichzeitig hegte man ein tiefes Misstrauen gegen die Symbole der alten feudalen Gesellschaft. Also schleifte man die Pekinger Stadtmauer, eine der größten und mächtigsten der Welt, und baute dort stattdessen die Ringlinie der U-Bahn. Nur die Namen der U-Bahn-Stationen erinnern heute noch an die alten Stadttore. Überall im Land siedelte man Industrie an, zerstörte Altstädte und errichtete massenweise Plattenbauten für die Arbeiterfamilien. Alte Tempel wurden zu Lagerhallen oder Produktionsstätten umfunktioniert. Die zweite große Abrissphase setzte nach der Reform- und Öffnungspolitik ein, als der Wirtschaftsboom das Land veränderte und billige Arbeitskräfte vom Land in die Städte strömten. In den Randbezirken entstanden und entstehen riesige Hochhaussiedlungen (siehe Kapitel 4, S. 26), im Zentrum Bürotürme aus Glas und Stahl. Autobahnen und Ringstraßen sollen den wachsenden Verkehr regulieren, oft erfolglos. Die Begeisterung für die Moderne zeigt sich auch in der Außendarstellung. Auf dem Postkarten-Set *New Beijing* sieht man beleuchtete Stadtautobahnen, die sich auf mehreren Ebenen kreuzen, den Fernsehturm, aufragende Glas- und Stahlkonstruktionen, in denen sich das Abendlicht spiegelt. Die Altstädte galten demgegenüber als schmutzig und unattraktiv und verslumten zunehmend.

Aber die Zeiten ändern sich, und nun gibt es ein neues Problem: Die Städte haben ihren Charakter verloren, alles sieht irgendwie gleich aus. Das ist weder gut für die nationale Identität, zu der jetzt auch wieder die glorreiche Vergangenheit gehört, noch für den Tourismus. Inzwischen besinnt man sich wieder auf das nationale Erbe, Kulturgüter werden geschützt und renoviert, Bürgerinitiativen setzen sich für den Erhalt alter Viertel und Gebäude ein. Doch vieles ist unwiederbringlich zerstört.

Wieso unwiederbringlich? Die Lösung heißt Rekonstruktion, man könnte auch Disneyland sagen. Manchmal gehen Abriss und Wiederaufbau Hand in Hand. Zum Beispiel in Kashgar, einer orientalisch-muslimischen Stadt in Xinjiang, ganz im Westen von China. Die einzigartige Altstadt mit unzähligen kleinen Gassen, Lehmhäusern, Moscheen und winzigen Handwerkerläden hat man in den letzten Jahren zum großen Teil abgerissen und stattdessen eine hochpolierte Kopie mit breiteren Straßen und besseren Wohnbedingungen aufgebaut. »Die alte schmutzige und verwahrloste Stadt hat sich nun völlig verändert. [...] Die Altstadt Kashgar erstrahlt in neuem Glanz«, heißt es in einem regierungsnahen Medium. Auch der Tourismusbranche gefällt es, die Einnahmen steigen. In Kritiken ist dagegen von der Zerstörung der einheimischen Kultur und dem Auseinanderreißen des sozialen Gefüges die Rede. Denn wer sich die Renovierung nicht leisten konnte, musste das Stadtzentrum verlassen und bekam eine Hochhauswohnung am Stadtrand zugewiesen.

Auch in Beijing setzt man auf Wiederaufbau. Alte Stadttore entstehen neu, und ein altes Einkaufsviertel ist plötzlich wieder da. Das lebendige Gewusel von kleinen Händlern, Verkäuferinnen und Marktständen, das es vorher an dieser Stelle gab, ist zwar verschwunden, dafür sieht es wieder aus wie auf alten Fotos von vor über 100 Jahren. Sogar eine »alte« Straßenbahn fährt wieder eine kurze Strecke. Die Altstadt mit ihren Gassen (*hutongs*) und den einstöckigen Hofhäusern, wo man sich mitten in der Metropole wie in einem Dorf fühlen kann, wird weiter abgerissen, doch ausgewählte Areale sollen erhalten und als eine Art Freilichtmuseum renoviert und konserviert werden. Urlaubsreisende werden in hübsch geschmückten Rikschas durch diese Gebiete gefahren. Wo früher die kleine Kneipenstraße war, weist jetzt ein prächtiges Schmucktor den Weg zu einer Gasse voller Läden mit Souvenirschnickschnack, Kunsthandwerk und Essensständen mit einheimischen Spezialitäten, in der sich chinesische Touristinnen und Touristen drängen, um die »authentische« Atmosphäre des alten Beijing zu genießen. Die Pass bye Bar gibt es übrigens längst nicht mehr. Sie musste einer Snackbar weichen.

Und bei uns?

Weder Abriss noch »Neualtbau« sind in Deutschland fremd. Vieles, was nicht schon im Krieg zerstört worden war, fiel dem städtebaulichen Modernisierungswunsch der Nachkriegszeit zum Opfer. (Das dauerte ja bis in die 1970er/80er Jahre hinein). Zahlreiche Bausünden und Stadtautobahnen zeugen noch davon. Gleichzeitig begann man aber auch damit, historisch wertvolle Gebäude und ganze Plätze wieder im alten Stil aufzubauen (den Frankfurter Römer, das Würzburger Schloss, Dresden). Ein Vorgang, der, wenngleich architektonisch umstritten, bis heute nicht abgeschlossen ist.

IN CHINA HAT MAN EIN FAIBLE FÜR ZAHLEN UND RANKINGS

Die typische Beschreibung einer chinesischen Sehenswürdigkeit könnte so lauten: Der Turm ist nach Süden ausgerichtet und insgesamt 46,7 Meter hoch. Der Hauptteil des Turms liegt auf einer 4 Meter hohen Plattform aus Ziegeln, deren Länge von Osten nach Westen 56 Meter und deren Breite von Süden nach Norden 33 Meter ist ... Oder: Die Chinesische Mauer bei Mutianyu ist 2,5 Kilometer lang, 7 oder 8 Meter hoch und 4–5 Meter breit und besitzt 23 Aussichtstürme etwa alle 100 Meter ... Langweilig? Ja, aber viele Menschen in China scheinen eine gewisse Begeisterung für diese Art von Fakten aufzubringen.

Außerdem erstellen sie gerne Rankings. Natürlich werden alle Schulen und Universitäten auf einer Rangliste bewertet, sodass Eltern genau wissen können, welchen Platz und damit welches Prestige die Schule hat, auf die das eigene Kind geht (im Vergleich zum Nachbarskind). Für viele Studierende sind die Universität und deren Position in nationalen und internationalen Rankings wichtiger als das Studienfach. Es gibt aber auch Ranglisten in Bereichen, die weniger lebenswichtig sind, öffentliche Toiletten zum Beispiel (siehe Kapitel 16, S. 75). Oder touristische Sehenswürdigkeiten. Hier reichen die Kategorien von A bis AAAAA, je mehr A, desto besser – und desto überlaufener. 5A haben zum Beispiel die Chinesische Mauer, die Verbotene Stadt in Beijing oder die Tonkriegerarmee in Xi'an. (Eine Liste aller 279 Sehenswürdigkeiten mit 5A findet sich bei Wikipedia.)

Schon im religiös-philosophischen Kanon tauchen immer wieder Zahlen auf: die 3 großen Lehren (siehe Kapitel 11, S. 52), die 5 konfuzianischen Tugenden, die 4 konfuzianischen Bücher. Auch im Kommunismus benutzte man gerne Zahlen, um Kampagnen griffiger zu formulieren. So sollte Ende der 1950er Jahre die überall propagierte Politik der 3 Banner (Richtlinien der Partei, Großer Sprung nach vorn, Volkskommunen) das sozialistische Leben voranbringen. Während des Großen Sprungs wurde eine Massenkampagne zur Ausrottung der 4 Plagen (Ratten, Fliegen, Stechmücken, Sperlinge) gestartet, und während der Kulturrevolution rief Mao dazu auf, die

4 Alten zu zerschlagen (alte Denkweisen, alte Kultur, alte Gewohnheiten, alte Sitten). Beides hatte fatale Auswirkungen. Als selbst Mao die Kulturrevolution in den 1970er Jahren beenden wollte, natürlich ohne zuzugeben, dass sie fürchterlich aus dem Ruder gelaufen war, forderte er 1975 von seinem alten Kampfgefährten Deng Xiaoping eine Resolution mit der Erklärung, dass die Kulturrevolution zu 70 Prozent erfolgreich und zu 30 Prozent fehlerhaft war. Deng, der selbst in dieser Zeit erheblich zu leiden gehabt hatte, wollte sich nicht darauf einlassen. (Bald darauf wurde er öffentlich angegriffen und kaltgestellt. Erst nach Maos Tod gewann Dengs pragmatische Linie in einem innerparteilichen Machtkampf die Oberhand.)

Auch in neuerer Zeit werden in der Politik gerne Zahlen benutzt, die 12 sozialistischen Kernwerte zum Beispiel (siehe Kapitel 18, S. 82). Erst vor wenigen Jahren hat Staatspräsident Xi Jinping die Formel vom 3-fachen Selbstvertrauen (in den eigenen Weg, die eigene Theorie und das eigene System) um die eigene Kultur ergänzt und damit zum 4-fachen Selbstvertrauen upgegradet.

Und die griffige Formel, die Mao seinerzeit für die Kulturrevolution gefunden hat, dient heute seiner eigenen Ehrenrettung. Denn er hat zwar viele offensichtliche strategische und politische Fehler gemacht, andererseits braucht man ihn weiterhin als verbindende Identifikationsfigur. Durch irgendeinen Rechenprozess ist man nun zu dem Schluss gelangt, dass er zu 70 Prozent Recht und zu 30 Prozent Unrecht hatte. Eine Bewertung, die man übrigens auch schon 1956 nach dessen Tod über Stalin gefällt hatte.

IN CHINA KANN MAN MIT VIER SILBEN EINE GESCHICHTE ERZÄHLEN

Herr Wang ärgert sich. Gerade hat ihm seine Chefin mitgeteilt, dass er wegen der vielen neuen Aufträge seinen Urlaub nicht antreten kann und die lange geplante Urlaubsreise absagen muss.

»Ach«, tröstet ihn eine Kollegin, »der alte Mann an der Grenze verliert sein Pferd *(sai weng shi ma).*«

»Stimmt«, seufzt Herr Wang und versucht sich zu beruhigen.

Die Geschichte, auf die ihn seine Kollegin gerade zum Trost hingewiesen hat, findet sich im *Huainanzi*, einem Buch aus dem zweiten Jahrhundert v. u. Z., und erzählt von einem alten Mann, dem in der Grenzregion ein

Pferd wegläuft. Die Nachbarn bedauern ihn wegen seines Verlusts, doch er bleibt ruhig. Einige Monate später kommt das Pferd mit einer Horde Wildpferde zurück, und der Mann ist plötzlich reich. Die Nachbarn loben sein Glück, er bleibt gelassen. Sein Sohn stürzt beim Zureiten der Wildpferde und bricht sich beide Beine, doch der Mann stimmt nicht in das Wehklagen der Nachbarn ein. Als ein Jahr später der Nachbarstaat das Land überfällt und alle Männer in den Krieg ziehen müssen, wobei neun von zehn umkommen, überlebt der Junge, weil er durch seine verkrüppelten Beine nicht eingezogen werden kann. Die Kollegin hat also mehr oder weniger zu Herrn Wang gesagt: »Wer weiß, wozu es gut ist.« Doch sie hat es viel eleganter mit einem der bekanntesten chinesischen *chengyu* ausgedrückt.

Ein *chengyu* ist eine bestimmte Art von Redewendung oder Sprichwort und besteht meist nur aus vier Silben. Doch die haben es in sich. In ihrer komprimierten Form sind sie eine Art Kondensat der chinesischen Kultur, da sie sich meist auf einen Text aus der klassischen Literatur und die darin enthaltenen Erfahrungen, moralischen Konzepte und Ermahnungen beziehen. Isoliert für sich, ohne Kontext, sind viele nicht verständlich, und so lernen schon Kinder in der Grund- und Mittelschule diese Geschichten kennen und bekommen so einen Einstieg in die klassische Kultur.

Chengyu spielen aber auch in der heutigen Alltagssprache eine große Rolle. In der richtigen Situation angewendet, verweisen sie auf die Bildung und gute Erziehung dessen, der sie benutzt. Und sie ermöglichen es

in heiklen sozialen Situationen, Dinge nicht direkt aus-
zusprechen und damit das Gesicht des Gegenübers zu
wahren.

Wenn die Eltern etwa ihren faulen Sohn, der ihnen
auf der Tasche liegt, ermahnen, er solle nicht »einen
Baumstamm bewachen und den Hasen erwarten« *(shou
zhu dai tu)*, wollen sie ihm damit zu verstehen geben,
dass er sich gefälligst etwas mehr anstrengen soll, statt
nur müßig herumzuhängen und auf sein Glück zu warten. Das *chengyu* bezieht sich auf die Geschichte eines
Bauern, der eines Tages bei der Feldarbeit einen Hasen
sah, der gegen einen Baumstamm rannte und sich das
Genick brach. Er nahm ihn nach Hause, hatte ein köst-
liches Abendessen und dachte bei sich, dass es einfacher
wäre, auf diese Art sein Glück zu machen, statt sich weiter auf dem Feld abzuplagen. Seitdem wartete er Tag für
Tag am Baum, doch es kam kein Hase mehr vorbei. Das
Korn des Mannes verdorrte, er litt Hunger und wurde
zum Gespött der ganzen Umgebung.

Auch im Deutschen gibt es Ausdrücke und Sätze,
die auf antike Texte, die Bibel oder klassische Dichter wie Goethe verweisen, etwa »Die Würfel sind gefallen«, »Auge um Auge, Zahn um Zahn« oder »Das
also ist des Pudels Kern«. Aber sie werden wesentlich
sparsamer verwendet. Das führt manchmal zu Miss-
verständnissen. Nicht wenig Germanistikstudierende
in China lernen eine große Anzahl deutscher Sprich-
wörter und Redewendungen auswendig und sind scho-
ckiert, wenn sie zum ersten Mal mit einer deutschen
Lehrkraft konfrontiert sind, die ihnen erklärt, dass es

in Deutschland nicht üblich sei, wissenschaftliche Texte mit Sprichwörtern zu »verschönern«, und dass eine schlüssige Argumentation eine solche Unterstützung nicht nötig habe. Vielleicht könnte die Lehrkraft ihrerseits auf ein *chengyu* zurückgreifen, um sich den Studierenden verständlich zu machen, und sie bitten, in Zukunft darauf zu verzichten, »einer Schlange Füße zu malen« *(hua she tian zu)*. Das war nämlich der Fehler eines Mannes, der – während der Zeit der Streitenden Reiche (475–221 v. u. Z.) – mit anderen um einen Kelch Wein stritt. Sie machten aus, dass jeder eine Schlange mit dem Stock in den Sand zeichnen sollte, und wer zuerst fertig war, sollte den Wein bekommen. Der Mann war künstlerisch begabt und als Erster fertig. Als er sah, dass die anderen noch lange nicht so weit waren, wurde er arrogant und beschloss, seiner Schlange noch Füße zu malen. In dieser Zeit wurde der Zweite fertig, nahm sich den Wein, und der Mann hatte das Nachsehen. Die Studierenden werden verstehen, dass sie nicht zu viel des Guten tun sollten, da man ein gelungenes Werk durch zusätzlichen, unnötigen Aufwand auch verderben kann.

Gut zu wissen

Es gibt etwa 5.000 *chengyu*. Hier noch einige der bekanntesten und ihre übertragene Bedeutung:
- *Hu jia hu wei*, »Der Fuchs leiht sich die Kraft des Tigers«: sich die Macht und den Einfluss einer anderen Person für eigene Zwecke zunutze machen.

- *Bei gong she ying,* »Die Reflektion eines Bogens für eine Schlange halten«: sich übertriebene, unnötige Sorgen und Ängste machen.
- *Jing di zhi wa,* »Der Frosch in der Tiefe des Brunnens«: ein Mensch, der einen sehr eingeschränkten Horizont hat.
- *Lin ke jue jing,* »Einen Brunnen erst graben, wenn der Durst kommt«: auf den letzten Drücker bzw. zu spät mit Vorbereitungen beginnen.
- *Ke zhou qiu jian,* »Eine Kerbe ins Boot machen, um ein Schwert zu finden«: unflexibel sein und sich nicht auf neue Situationen einstellen können.

EINE LIST ANZUWENDEN IST IN CHINA EIN ZEICHEN VON INTELLIGENZ

55
Strategeme

Ein Herrscher im chinesischen Altertum wollte ein fremdes Reich erobern. Er ließ sich von seinen Spionen eine Liste der besten und loyalsten Beamten und Generäle des anderen Staates geben und verkündete öffentlich, dass er diese Leute hoch belohnen werde, wenn er das Land erst einmal unterworfen habe. Der König des anderen Landes hörte davon, verdächtigte seine Leute des Verrats und ließ sie hinrichten. Damit hatte er seine fähigsten Generäle getötet, und es war ein leichtes Spiel, sein Land zu erobern. Der Eroberer hatte die List »Mit dem Messer eines anderen töten« angewandt. Ganz schön fies! Oder auch ein sehr kluger Schachzug, je nachdem, wie man es sieht. Tatsächlich hat das chinesische Schriftzeichen für »weise«, *zhi*, auch die Nebenbedeutung von »listig/schlau«. Das oben genannte ist das dritte der 36 Strategeme, die in China zum Allgemeinwissen gehören und nicht nur in Managerratgebern vorkommen, sondern auch in Zeichentrickfilmen. Sie haben es sogar bis zur Schullektüre gebracht. Überliefert sind sie in einer Zusammenstellung aus dem 16. Jahrhundert, doch die dort beschriebenen Strategeme sind nur eine Quintessenz von Kriegslisten, die über Jahrtausende entwickelt wurden.

Bei uns gilt der Daoismus gemeinhin als esoterische Philosophie, von der sich immer wieder Hippies und Alternative angezogen fühlten und fühlen. Doch in China wurde das universelle Prinzip des ständigen Wandels und der Zusammengehörigkeit der Gegensätze (*yin* und *yang*), ebenso wie die Vorstellung von *wuwei* (dem »Tun durch Nicht-Tun«) immer auch strategisch betrachtet. Schon das Buch der Kriegskunst des General Sunzi, einem Zeitgenossen von Konfuzius, gründete auf daoistischen Prinzipien. Als bester Feldherr galt der, der gar nicht erst aufs Schlachtfeld musste, weil er die Situation schon im Vorfeld so zu lenken wusste, dass kein Kampf nötig war, um das Ziel zu erreichen. Minimaler Krafteinsatz und situationsbezogene Flexibilität galten als Garanten des Erfolgs. Auch Mao kannte die Strategeme und benutzte sie im Partisanenkampf und bei innerparteilichen Streitigkeiten. Zu seiner Zeit wurden sie als militärische Geheimschrift gehandelt, erst 1979, drei Jahre nach seinem Tod, druckte man sie auch für die breite Öffentlichkeit.

Übrigens

In Europa wurden die 36 Strategeme in den 1980er Jahren durch den Sinologen Harro von Senger bekannt, der seither unermüdlich dafür plädiert, auch im Westen die List von ihrem anrüchigen Ruf zu befreien und sie sich nutzbar zu machen.

Wie die *chengyu* (siehe Kapitel 54, S. 243) bestehen die Strategeme aus nur wenigen Zeichen, die sich meist auf alte Geschichten von Kämpfen, Siegen und Niederlagen beziehen, aus denen man die jeweilige Strategie ableiten kann. Einige leuchten unmittelbar ein, wie »Den Dolch hinter einem Lächeln verbergen« oder »Ausgeruht den erschöpften Gegner erwarten«. Andere sind schwerer zu verstehen, etwa »Einen Ziegelstein werfen, um einen Jadestein zu erlangen«. Gemeint ist, vom Gegner möglichst viel zu bekommen, ohne ihm dafür allzu viel zu geben. Dazu muss man wiederum den Gegner täuschen, zum Beispiel seine Gier ausnutzen oder die eigene Gabe wertvoller erscheinen lassen, als sie ist. Viele scheinbare Schnäppchen und Rabattaktionen beruhen auf diesem Prinzip. Woran man sehen kann, dass diese Listen zwar aus der Kriegsführung entstanden sein mögen, sich aber auf umfassende psychologische Prinzipien beziehen, die sich auch im beruflichen und privaten Alltag problemlos nutzen lassen. So könnte man sich auch in Liebesbeziehungen eine Anwendung des Strategems »Will man etwas fangen, muss man es zunächst loslassen« vorstellen. Selbst wenn einem die Vorstellung unangenehm ist, so taktisch vorzugehen, kann es keinesfalls schaden, die Listen zu kennen, schon um sie rechtzeitig zu durchschauen und nicht selbst in die Falle zu tappen.

Das letzte der 36 Strategeme ist übrigens für ausweglose Situationen gedacht: »Die beste Methode ist die Flucht.« Denn anders als die Niederlage oder der Vergleich bietet die Flucht die Möglichkeit, später doch noch zu gewinnen.

STICHWORT-VERZEICHNIS

Die junge Frau und das Meer – Coming-of-Age meets Heimatliteratur

SYLVIE GÜHMANN

DIE JUNGE FRAU UND DAS MEER

WARUM ICH IN OSTFRIESLAND DEN ÜBERBLICK BEHALTE

CON BOOK.

Ostfriesland – unendliche Weiten. Und eine Frau, die, umgeben von Wasser, Wind und plattem Land, heranwächst und sich wundert. Sylvie Gühmann berichtet über ihre Angst vor Bergen, grotesken Felsen und Abgründen, von ihrer Angst vor dem Unüberblickbaren.

Sie erzählt von der Wuchtigkeit des Nichts, der Kraft der Leere der ostfriesischen Landschaft und der Teezeremonie, ihrem Alltagsanker. Mit Mitte zwanzig, inmitten der Großstadt Hamburg, fragt sie sich, was sich alle Wandernden mit Mitte zwanzig fragen: Will ich eigentlich zurück?

Sylvie Gühmann
Die junge Frau und das Meer
Warum ich in Ostfriesland den Überblick behalte

ISBN 978-3-95889-388-7
ISBN 978-3-95889-392-4

CON BOOK.

Bestens vorbereitet mit den Reise-Hacks

Die neue gut gelaunte Ratgeberreihe fürs Handgepäck

Reise-Hacks für
Hundemenschen
ISBN 978-3-95889-419-8

Reise-Hacks für
frisch gebackene Eltern
ISBN 978-3-95889-420-4

Reise-Hacks für
Klimabewusste
ISBN 978-3-95889-418-1

Reise-Hacks für
Nackte
ISBN 978-3-95889-422-8

Reise-Hacks für
Laufbegeisterte
ISBN 978-3-95889-421-1

CON
BOOK.

Ein Kompendium der schönsten Strecken Europas

Veronika Wengert und Jörg Dauscher
Nachtzugreisen
Die schönsten Strecken Europas

📖 ISBN 978-3-95889-416-7
ⓔ ISBN 978-3-95889-425-9

In vielen europäischen Ländern schlummerte das Reisen im Nachtzug einen langen Dornröschenschlaf. Nun ist es wieder da! In Zeiten von Slow Travel und Nachhaltigkeit erlebt dieses ganz besondere Reiseerlebnis einen echten Boom: Das Nachtzugnetz wächst, und jedes Jahr kommen neue Verbindungen hinzu.

Spannende Städte, traumhafte Landschaften und weniger bekannte Lieblingsorte lassen sich nicht nur ganz entschleunigt, sondern auch umweltfreundlich bereisen. Lassen Sie sich inspirieren und entdecken Sie die schönsten Nachtzugstrecken in ganz Europa.

CON
BOOK.